U0782630

技术创新与
区域经济发展研究

JISHU CHUANGXIN YU
QUYU JINGJI
FAZHAN YANJIU

隗娜 著

中国社会出版社

国家一级出版社·全国百佳图书出版单位

图书在版编目 (CIP) 数据

技术创新与区域经济发展研究 / 隗娜著 . -- 北京 ：
中国社会出版社，2022.9
ISBN 978-7-5087-6778-9

Ⅰ.①技… Ⅱ.①隗… Ⅲ.①技术革新－关系－区域
经济发展－研究－中国 Ⅳ.①F127

中国版本图书馆 CIP 数据核字 (2022) 第 086794 号

出 版 人：浦善新	终 审 人：王 前
责任编辑：杜 康	责任校对：刘云燕
封面设计：时 捷	

出版发行 中国社会出版社	地　　　址：北京市西城区二龙路甲 33 号
邮政编码：100032	编 辑 部：(010)58124864
网　　　址：shcbs.mca.gov.cn	发 行 部：(010)58124864；58124845
经　　　销：新华书店	

印刷装订：河北鑫兆源印刷有限公司	开　　　本：170 mm×240 mm　1/16
印　　　张：12	字　　　数：200 千字
版　　　次：2022 年 9 月第 1 版	印　　　次：2022 年 9 月第 1 次印刷
定　　　价：59.00 元	

中国社会出版社微信公众号

中国社会出版社天猫旗舰店

前　言

中国是一个幅员辽阔、人口众多的发展中大国，东西部经济社会发展的不平衡，构成了中国的一个基本国情特征。如何采取有效措施，建立健全区域经济机制，促进东西部经济发展，以便把区域差距扩大的幅度控制在人们社会心理所能承受的范围内，并促使其朝着不断缩小的方向转变，不仅是一个十分重要的理论问题，也是一个关系国民经济持续稳定发展以及社会安定和民族团结的重大现实问题。

区域经济学在中国的发展历程，20 世纪 80 年代是引进消化、酝酿形成的时期，有代表性的事件是区位论的完整引进并取得学界的认同，催生了中国的区域经济学科。20 世纪 90 年代是区域经济学理论发展、体系成熟的时期。20 世纪末启动的西部大开发，是国家以区域为基础推进经济发展的开始。其后的东北振兴、中部崛起和东部率先发展，形成了中国区域发展总体战略。国家级综合配套改革实验区的设立，是区域发展的细化和创新形式，随之跟进的国家级经济区、国家级新区和自由贸易区的推出，使国家以区域为单元发展经济的路径不断深化和拓展。伟大的时代推动了理论研究的繁荣，区域经济学在 21 世纪进入了一个全盛时期。时代变革的要求使区域经济研究融入国家和地区的经济生活当中，在区域开发、产业布局、都市圈和城镇化等问题的研究方面取得了大量成果。我们欣喜地看到，现代区域经济理论所包含的理念、信息和应用的方法越来越多、越来越丰富了，追求理论的创新成为区域经济学研究的一种时尚。新经济地理学、空间经济学等区域经济学的相关学科近些年来都获得了很大的发展。

全书共6章。第一章为概述，是区域经济的简要论述；第二章是区域经济发展的区域产业布局，介绍了区域经济发展的产业与产业聚集区以及新产业区的布局；第三章是宏观经济中的区域战略布局，对我国区域经济实施的背景和战略布局进行论述；第四章是我国区域经济发展中的政府与市场，介绍了区域经济中政府与市场的关系模式以及典型模式，并对区域经济发展中的地方不规范行为进行了论述；第五章是技术创新及评价指标体系，包括技术创新发展现状、技术创新的相关理论和技术创新评价指标体系的相关内容；第六章是我国区域经济发展与技术创新分析，对技术创新与区域经济增长的机理、技术创新生态系统的协同发展进行了论述。

本书在撰写过程中，笔者参考了大量的资料文献，同时得到了许多专家学者的帮助和指导，在此表示真诚的感谢。因笔者水平有限，书中难免有疏漏之处，希望广大读者予以批评指正，以求进一步完善。

作者

2021 年 12 月

目　录

第一章　概述

经济发展问题历来是经济学家关注的一个核心课题。从古典经济学家李嘉图到马克思，再到现代西方各派经济学家，都把经济发展当作自己经济理论的一个贯彻始终的重要问题。他们就经济发展提出了一系列理论观点，如投入产出效率理论、技术创新理论、最优增长理论、不均衡发展理论、社会选择理论、剩余增长理论、制度动力理论以及利润率递增理论等等。正是这些研究成果，为我们从理论高度上研究经济发展提供了非常有益的借鉴。了解区域经济学的科学基础，明确区域经济发展相关理论，对进一步理解区域经济发展有重要意义。

第一节　区域经济学的科学基础

要完整准确地解释人类经济活动的规律，从空间出发与从要素出发具有同等的重要性。区域是一切经济活动的空间，区域经济学是解释经济活动在空间上的运行规律的科学。

一、区域经济学的基础

1826 年，德国经济学家冯·杜能在《孤立国》一书中提出了农业区位理论，标志着区域经济学的发轫。经过 100 多年的发展，区域经济学在 20 世纪 50 年代正式形成。到 20 世纪末，以新经济地理理论为代表，区域经济学进入了一个新阶段。21 世纪以来，区域经济学在中国的发展更是方兴未艾，成为指导经济发展的重要理论基础。

二、区域经济学相关概念

(一) 区域

区域是区域经济学研究的起点。它是一个多维度、多层次的概念，对其进行界定或定义，需要从地理学、政治学、经济学等多学科的角度出发。

1. 地理学的区域概念

地理学是最早提出区域概念的学科。为了便于考察，地理学把地球空间进行了分类或者是区分，将其划分为各种区域，如海洋区、陆地区、高原区、平原区、丘陵区等等。各类区域不同的特征以及温度、降雨和生物物种分布等的巨大差异，使每一个区域的内容都更加丰富和更加多样化。地理学对区域研究的贡献，是把区域定义为地球表面的一个地域单元。

2. 政治学的区域概念

政治学是从行政管理的角度去观察和分析各种不同的地点，根据人口居民点和社会经济活动的位置及分布状况，划分系统的地方单元。对于全球来说，国家是一个地方单元；对于国家来说，省、市、县、乡、村等都是地方单元，或者是区域。这样的划分使政令能够逐层下达，行政管理能够方便地进行。政治学中的区域不但表示地理区域的概念，而且还包含地方公民间的文化联结、惯例认同、心理归属、民族历史、社会经济关系等意义。政治学对区域研究的贡献，是把区域定义为行政管理的一个地方单元。

3. 经济学的区域概念

经济学的区域概念是在区域经济学的区域概念基础上形成的。区域经济学在地理学和政治学关于区域概念的基础上，考虑某个地域空间的人口、经济、资源、环境、公共设施和行政管理等的特点，形成一个相对完整的区域概念。所以，经济学的区域指的是居民高度认同、地域完整、功能明确、内聚力强大的经济地域单元，又称为经济区域，如图 1 - 1 所示。

经济区域一般以两种形式存在：同质区域和极化区域。

同质区域又称匀质区域，它是源于区域内部的相似性而形成的一种区域。同质区域的存在，依据的往往是区域内部共同拥有某一个特定的标志，如经济发展水平、产业结构、消费习惯或政治理念等。静态的区划一般是同质区域的划分，比如大的区域板块的划分，是从区域内部的相似性出发的。

极化区域又称结节区域，是相异性区域通过要素流动联系在一起，具有很强的内聚力的一种区域。所谓"结节"，是指这类区域有一个或多个中心节点，其经济运行依赖于中心节点与周边地区之间的相互作用；所谓"极化"，是指区域中心节点周边的腹地的生产要素有向该节点集中的趋势。动态的区划一般是极化区域的划分，如经济带、都市圈、城市群的划分等都属此类。

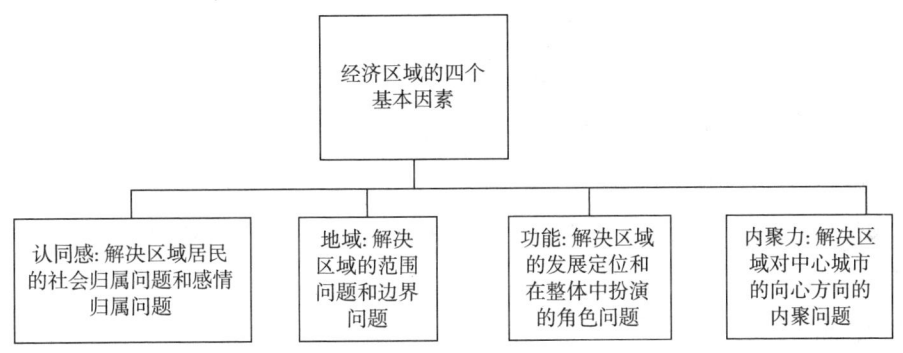

图1-1　经济区域的四个基本因素

（二）区域经济

区域经济是特定区域的经济活动和经济关系的总和。如果我们把全国的国民经济看作是一个整体，那么区域经济就是这个整体的一部分，是国民经济整体不断分解为它的局部的结果。对于国家的经济来说，整体系统涵盖了部门体系，也涵盖了区域体系（在市场条件下，部门体系实际上是融合于区域体系中运行的）。区域是它的一个实体，是一个子系统。区域体系是由无数个区域实体组成的，而且每一个实体都有其自身的特点和运行规律。我们把国家宏观经济管理职能下按照地域范围划分的经济实体及其运行，都看作是区域经济的运行。区域经济的特点是十分突出的，主要有以下几点。

1. 区域经济具有区域性

每个地区都有自己的特点，如自然条件特点、资源条件特点、文化甚至语言特点等，所以每个区域的经济发展都应有自己的特色，包括发展目标、发展原则、发展重点、发展道路和途径等。一个区域的发展可以借鉴其他区域的经验，但都必须与当地的具体情况相结合，才能够促进区域经济的发展。区域性是区域经济最根本的特点。

2. 区域经济具有非均衡性

非均衡性也被称为不平衡性。对于任何国家或地区来说，经济发展都不可能是均衡的。其中，有的地方水平高些，有的地方水平低些；有的地方发展快些，有的地方发展慢些。对于决策者来说，把资金投在发达地区，可能效率会高些，但地区间的差距将拉大；投到落后地区，可缩小差距，但又可能会影响效率。所以，区域经济有一个公平与效率的问题，要两者兼顾。

3. 区域经济具有阶段性和连续性

区域经济具有很强的阶段性。一段时期的经济特点不可能永远存在，要根据新的形势，制定新的目标，调整发展的方向。所以，战略规划对区域的发展十分重要。这五年发展什么，下一个五年发展什么，二十年之后应达到什么样的目标，对于一个区域来说，应一个阶段、一个阶段地去制定目标和计划。阶段之间应该是连续的，具有良好的前后衔接关系。

4. 区域经济具有开放性

区域经济应强调开放性。对于区域经济来说，由于在生产、流通、消费等各领域中通常没有制度、体制和运行机制上的根本差别，人为的限制性因素比较少，因而具有更大的开放性。区域之间在发展特点上如果有一定的互补性，则开放程度就会更高；如果有较大的相似性，则开放程度就会低些。以区域经济的这些特点，对比国民经济的相应特征，我们可以看到它们之间的差异主要在于以下几点。

第一，国民经济强调宏观性，区域经济也强调宏观性，但它同时更强调区域性。国民经济主要反映社会经济总需求和总供给的规模和结构，从总量上调控市场的供求。因此，国民经济调控经济增长速度、经济结构、投资与消费、进出口、货币供给与流通等。区域经济不强调总量，只强调特点；不强调完整，只强调特色。所谓区域性，就是研究地区经济发展中哪些是区别于其他地区的资源，产业政策是区域经济调控的主要内容。

第二，国民经济强调战略性，区域经济也强调战略性，但它同时还强调不平衡性。国民经济的战略性反映在发展计划之中。发展计划首先要体现国家和民族的意志，其次要体现战略目标的稳定，再次要体现经济发展的全局性。区域经济强调的战略性和不平衡性，是基于地方政府成为地区利益的代表，反映在国家利益得到充分保证前提下的地方利益、地方经济发展的战略规划中。由于发展条件的不同，各地区一般是不可能平衡发展的，这种不平衡发展所带来的负面效应，要由国民经济的宏观调控来调节。

第三，国民经济强调政策性，区域经济也强调政策性，但更强调可操作性。国民经济的政策性，反映在用政策取代指标来指导经济活动上。以调节供需为特色的经济总量平衡政策、以调节产业活动为重点的经济结构调整政策、以处理公平与效率关系为重点的收入分配政策，以及财政、货币、税收、投资等政策，都是调节经济的杠杆。区域经济的运行，一方面要贯彻国家的这些政策，另一方面还要制定具体的实施规划，进行具体操作。可操作性是区域经济的最大特色。

（三）区域经济学

区域经济学是研究区域经济的特点和区域之间关系的科学，它要回答的问题是：一个区域是如何实现经济发展的，各个区域之间是怎样相互联系的，以及它们在全国劳动地域分工中的地位如何等。

区域经济学是研究区域经济一般规律的科学，具有很强的综合性，需要经济地理学、发展经济学和产业经济学等作为研究的知识后盾。

1. 区域经济学与经济地理学的关系

区域经济学是在经济地理学基础上产生的一门应用经济学科，它借助地理学的一些方法论来研究经济问题。但我们绝不主张用区域经济学代替经济地理学（事实上也无法代替），而是主张两者并行发展。自 20 世纪 90 年代以来，经济地理学获得了新的发展。区域经济学不是经济地理学，经济地理学也不是区域经济学，但两者无论从方法还是从研究本身来看，都在日益靠拢，日趋融合。

2. 区域经济学与发展经济学的关系

发展经济学作为一门经济学科,是第二次世界大战以后逐渐形成的。它以发展中国家的经济发展问题为研究对象,为发展中国家的经济发展提供理论依据。发展经济学的理论体系包括宏观发展理论、微观分析理论、结构发展理论等,研究范畴涉及发展中国家的经济增长速度、二元经济结构、资本积累和外资利用、人口问题和就业、产业发展战略、技术革命和技术引进、收入分配、对外贸易模式,等等。

区域经济学中的很多概念和理论都来自发展经济学。比如,区域增长理论,就是在发展经济学的增长理论基础上引入了区域的概念而形成的。区域经济学和发展经济学的区别主要体现在:发展经济学主要研究的是发展中国家的增长问题,区域经济学研究"发展"的空间范围不存在局限性,可以大到国家,小到乡镇,所以引入的理论需要进行区域化的改造;发展经济学没有地理学的基础,而区域经济学在研究很多问题时都把地理环境作为研究的出发点。从目前的学科发展来看,区域经济学还在不断地把经济学的理论应用于区域的研究,其中也包括大量的发展经济学的理论。

3. 区域经济学与产业经济学的关系

产业经济学是现代经济学的重要分支,是现代经济学中用来分析实现经济增长的应用经济理论。产业经济学以产业部门作为研究对象,研究企业组织、产业组织及其行为和相互关系,以改进企业关系、优化产业结构、提高企业和产业经济竞争力为研究目的,所以产业经济学是为制定国家经济发展战略和以推动经济发展为目标的产业政策服务的经济理论。

产业问题也是区域经济研究的核心内容。区域经济中的产业发展和结构演变理论来自产业经济学。区域经济学中的产业研究区别于产业经济学的是,区域经济学中的产业研究有特定的范围,即局限于特定的区域,而产业经济学研究的产业结构问题,是一个纯粹的经济学问题。但如果产业经济学研究的是某一个特定区域的产业结构,就为其加入了区域的概念,于是研究的特征就不同于一般性的产业结构,而是在特定区域内的产业结构,或称为区域产业结构。另外,产业结构研究不是区域经济研究产业问题的目的,区域经济研究产业问题是为产业的布局服务的，最后要形成区域经济发展服务的产业布局方案。实际上，区域经济学与产业经济学在理论上的互相借鉴一直都存在，如产业经济学中对产业布局的研究，也要应用区位理论，而且它已成为产业经济学研究的重要组成部分。

三、区域经济学的来源

溯本清源，区域经济学界普遍承认，区域经济学有两个来源，一个是地理学，一个是区位论。

（一）地理学来源

区域经济学的地理学来源，主要有两个方面：区域的概念和地理环境及资源条件对经济发展的作用。

1. 通过地理学树立区域的概念

人们对区域的认识，首先是考察各种不同空间和地点的特征，再进行深入研究，探索其分布的情形。地理上的区域和区域之间通常并不是明显接替的，而是存在一个相当范围的过渡地带。所以，地理学家从一开始就认为区域之间的过渡不是跳跃的，而是渐进的、互相衔接的，这种思想一直影响到今天我们对经济区域的认识。

我们今天看到的所谓区域的界限，实际上都是人为划分的，且是为了某种区别的目的而划分的。例如，欧洲和亚洲的分界乌拉尔山和高加索山，它们虽然是两大洲天然的障碍，但古代生活在这条线两侧的人在人种上的巨大差别，才是划分的主要理由。再如，蒙古高原和内蒙古高原的分界，完全是由于蒙古国的独立所造成的一个划分。也就是说，人们通常是先找到一个表面的、突出的、标志性的景观——可能是山脉，也可能是河流，再将其确定为标志，或者是界限，以此将两边的区域分开。

自从有了区域的概念，才有在此之上的与区域有关的各类学科。所以，我们应当把区域概念的建立作为区域经济学产生的起点。

2. 地理环境及资源条件对经济发展的作用

地理学认为，人类和自然都应属于区域的特征，但在某些地区，如城市地区，人类的作用可能明显些，而在另一些地区，如极地、高原、海洋等，自然的作用可能更明显。把一个地区的自然特征和人类所从事的经济活动结合起来考虑，地理环境及资源条件就成为经济发展的初始条件。

把地理环境及资源条件加入区域经济研究当中，使区域经济的内容更加丰富，但同时区域经济研究的起点也发生了变化。因为人与自然的关系在区域经济当中占据了相当的位置，这使我们对区域经济的研究不可能是纯经济学的，而必须要考虑自然环境的容量、资源条件的限制，从而使区域经济的研究具备一定的自然科学的性质。然而，由于经济的区域和自然的区域在大多数情况下并不能够完全重合，这就增加了区域研究的难度，而经济因素的变化很快，所以经济的区域也处在一种变化的过程当中，使我们很难完全依照自然科学的研究方法去研究经济区域。地理学对区域经济学的影响在今天不但没有减弱，反而不断加强。

（二）区位论来源

区位理论是微观经济理论，它要解决的问题主要是厂商如何进行布局才能实现成本最低或利润最大。区位理论是区域经济学的理论基础，它的许多理论和方法都成为区域经济学理论的组成部分。例如，区域分工理论、比较优势理论、资源禀赋理论、相互依存理论、区域市场和区域利益理论等。

工业的发展使生产力迅速提高，地区间的经济联系不断扩大，商品销售地与原料供应地的范围越来越广，企业区位问题成为研究的对象。农业布局的目的是寻找最佳的土地利用模式，工业布局的目的是寻找生产成本最低点的厂址，但其基本做法都是先研究运费对产业布局的影响，再研究劳动费与聚集因素对产业布局的影响。到20世纪30年代以后，德国经济地理学家克里斯·泰勒、德国经济学家廖什、美国经济学家埃德加·M.胡佛等学者扩展了区位论的范围，将城市等级、生产市场区和贸易流量与运输网络中的服务区位问题纳入进来，标志着近代区位理论发展时期的到来。

从区位理论到区域经济学的飞跃，发生在 20 世纪 50 年代以后。艾萨德对区位论研究的内容进行了总结，出版了《区域科学导论》一书，标志着区域经济学的正式形成。

四、区域经济学的三个基石

为什么会产生区域经济，埃德加·M. 胡佛在构筑区域经济学的理论体系的过程中，提出了区域经济学的三个基石。

（一）生产要素的不完全流动性

人类的经济活动总要落脚在一定的地域空间上，而这个地域空间的自然条件千差万别。一些地方的自然条件适于人类的生存与发展，而另一些地方就不适应或难以适应人类的生存与发展的需要；一些地方宜于粮棉油农业生产，而另一些地方则宜于矿业开发建设。因此，有一些地方的资源在该地的组合效率可能优于其他地方，这样就产生了区域差异和区域优势。

生产要素包含自然资源和社会经济资源。与人类需求的无限性相比较，无论是自然资源还是社会经济资源，都是有限的。这些稀缺的资源，即使分布均匀，由于区位效应的作用，也会向某些地区集聚。自然资源的位置确定之后，或者不能被移动，如土地、森林、矿山、草原等；或者很难移动，如水资源等。社会经济资源当中最主要的是人力资源、资本和技术，这些资源的流动虽然是正常的，但必须付出相应的流动成本。所以，任何一个地区都具有利用本地资源优势发展区域经济的必要。

生产要素分布的不均衡性和生产要素的不完全流动性，使得人类的经济活动不可能形成空间均衡化。假如生产要素分布是均衡的，或者即使不均衡但却在空间上可以自由流动，各要素自然会向条件好的地区集中。但由于存在空间上不能移动的生产要素，所以人们要探讨资源替代和利用级差地租开发土地资源的可能性，以期形成经济在空间上的集聚，达到理想的分布状态。

因此，要素的不完全流动性是区域经济学的灵魂与活力所在，是区域经济分异的前提，也是区域经济多样性、互补性和区域分工的基础。

（二）生产活动的不完全可分性

企业的生产过程可以按照操作技术划分为若干彼此相连的工序，从降低生产成本的要求考虑，各个工序在空间上应当集中在同一个地点。一个产业部门和一个产业群是由众多企业组成的，众多企业集中到一起，是生产联系、信息共享、共同利用基础设施和管理方便的必然要求。企业集中在一起之后，其成本一般会明显下降，这种结果又加大了聚集的力度。

经济活动的聚集性表现为规模经济和集聚经济，它是由经济本身的趋利性和节约性而导致的。在经济规律的作用下，要素的流向总是趋向于使其增值或提高效率的方向。一个企业的生产规模在一定限度内增大，一般可收到节省单位产品成本和提高效率的好处，这就是企业的规模经济。若干个企业集中于一个地点，能为各个企业带来成本节约等经济利益，这就是集聚经济。规模经济和集聚经济使得各生产要素和经济单位集结在一定空间内，形成区域经济的增长极。

由于规模经济和集聚经济的存在，生产活动不可能被彻底地分割及均衡地分布在所有的地区。我们必须考虑到规模经济和集聚经济的要求，在条件好的地方，集中布局各类产业，而聚集区的形成，又会带来人口的增加，从而形成城市这种地区的经济中心。

（三）产品与服务的不完全流动性

由于距离因素的影响，产品与服务的移动，必须支付相应的运输成本，否则就不可能流动。而为了减少距离成本，产品与服务生产的地方化，即靠近消费市场就十分必要。这就是所谓的产品与服务的不完全流动性。

尽管现代科技和现代交通、通信业的发展使空间距离对人类活动的限制越来越少，但是，只要距离存在，经济活动就要支付距离成本。这些距离成本仍对区域禀赋优势的发挥和空间集聚经济的实现产生极为重要的影响。

第二节　我国区域经济问题研究

区域经济学的另一个重要内容是研究区域发展中的现实问题。中国区域经济的发展正迎来一个新的时期，对中国区域经济问题的研究也必然是与时俱进的。中国区域经济问题研究总的趋势是：追踪中国区域经济发展的新趋向，总结中国区域经济发展的新经验，提出解决中国区域经济问题的新理念，形成区域经济学的新理论。

一、产业集群、产业转移和外商投资问题

（一）产业集群问题

产业集群、新产业区和高新技术产业开发区是目前区域经济发展中产业布局的最新形式。

我国对于新产业区的研究，除了一般的集聚意义外，还特别强调专业化和小企业集群，强调企业之间的合作与竞争以及制度的建设。过去，产业布局普遍重视大企业的分布，所有的要素分析，都是针对大企业的。现在，研究发现，小企业的布局更有新意，更有规律可循。小企业的集聚和产业群的出现，使人们对专业化分工的研究有了更深刻的认识，而且这种分工更接近理想的专业化分工。

高新技术开发区是产业集群发展政府主导的形式。进入 21 世纪，高新技术开发区的比较优势发生了显著的变化，研究我国高新技术开发区在新形势下如何发展，是摆在各地区和高新技术开发区自身面前的重要课题。这些研究应当包括：高新技术开发区的比较优势问题、高新技术开发区的经济和技术功能的重新定位问题、技术转让和企业孵化器的功能转化问题和高新技术开发区转变为区域经济发展的增长极问题。

（二）产业转移和外商投资问题

在经济全球化的时代，产业的国际化是不可避免的。我国加入 WTO，标志着我国的企业进入了国际化的一个新阶段。国际上的大企业和全球跨国公司正充分利用这个机会，加速制造业向中国沿海地区的转移。研究制造业的区位选择，是我国区域经济研究的一个重要的题目。

国际产业向我国沿海地区转移呈现两个明显的趋势：第一，高新技术产业在国际产业分工前提下部分转移，核心技术保留在发达国家，转移到我国沿海地区的往往是低端技术和产品的生产。我们应对的途径应当是积极引进技术，同时加强核心技术和产品的自主开发。第二，一般制造业国际范围内整体转移，成熟技术在发达国家和我国沿海地区同步应用。成熟技术和产品的研发，应当主要由企业来完成。

伴随着产业转移，外商投资对中国区域经济发展的影响问题成为研究热点。这方面的研究内容主要有：第一，外商投资对各地区的资本形成的影响。外商投资分布将会对地区经济增长、外向型经济发展以及地区就业产生重要的影响。第二，外商投资对工业化进程的影响。很大一部分地区的工业化要依靠外商投资来推动。第三，外商投资对区域对外贸易的影响。外商投资的大规模进入将有力地促进沿海地区对外贸易的发展。

二、资本与劳动力要素流动问题

（一）资本要素流动问题

改革开放之前，由于中国实行高度集中的计划经济体制，企业的投融资要国家统一安排和调拨，因此基本不存在市场配置的资本要素流动。改革开放以来，随着市场经济体制的逐步建立和成熟，市场配置的资本要素流动逐渐增多。

同时，中国已经初步形成了跨境资本双向流动的格局，利用外资的渠道日益多元化。目前，我国已经初步形成了跨区域的资本要素流动。资本要素作为生产要素的重要投入之一，对于促进区域经济增长和调整产业结构具有重要影响。我国各地区的资本流动规模逐年增大，流动形式多种多样，对于区域协调发展的作用日益明显。由最初的外商投资设立企业和借用外国政府贷款，扩大到项目融资、国际商业贷款、境外发行债券和股票、境内发行外资股、外资兼并收购中资企业等多种形式。

（二）劳动力要素流动问题

我国的劳动力区际流动主要采取两种形式，一种是伴随居住地变动的人口迁移，另一种是保持居住地不变而工作地点变动的跨地区就业。由于经济、距离、文化、制度等多种因素的影响，我国劳动力要素流动的原因和对区域经济的影响是十分复杂的，打下了不同发展阶段的不同政策的烙印，阶段性特点十分明显。

由于我国农业的生产力水平和报酬低，产业结构由农业为主向工业和服务业转移就成为大势所趋，这也为我国农村劳动力大规模向城市转移提供了可能。农村劳动力的大规模流动，在满足城市经济发展对劳动力的需求、推动城市经济发展、解决农村剩余劳动力就业问题、提高农民收入水平等方面起到了积极的作用。但是，劳动力流动对于解决城乡收入差距的扩大作用不明显。

三、都市圈、城市群与区域空间结构问题

（一）都市圈与城市群问题

要加快现代化建设的步伐及城市化的进程，发展经济，在未来的世界竞争中占有优势，就必须改变现有的粗放型的经济发展方式，走集约型的城市化道路。因此，在未来发展过程中，要选择适合于我国经济增长的发展方向，建立我国的都市圈和城市群体系。加快发展都市圈或城市群有很多优点：首先，城市群可以使我国有限的资源在最大范围内实现配置的优化；其次，城市群对其内部城市的发展具有巨大的辐射带动作用；最后，城市群或都市圈可以提升一个城市的整体竞争力。

都市圈与城市群问题研究的内容包括：第一，都市圈和城市群的概念及

其相互关系；第二，中国哪些地方适合、能够建设成为都市圈与城市群；第三，建设都市圈与城市群的途径是什么；第四，都市圈与城市群的可持续发展问题。

当前城市化研究的前沿问题，主要是我国的城市如何融入世界性大城市的体系中，建设国际化大都市的问题。我国需要加紧建立起一定数量的国际化大都市，这样才可以更好地参与国际竞争，并在各个领域日趋激烈的国际贸易竞争中获取更大的利益；同时，国际化大都市将改善我国现有的投资环境，加大市场容量，这样也将吸引更多的国际企业来华投资。

（二）区域空间结构问题

进入 21 世纪，我国的区域开发行动进入规范化和法制化的阶段。西部大开发、东北振兴、中部崛起和东部率先发展，实现新型工业化和现代化，都使我国的区域开发速度加快，所有这些行动必将引起我国区域经济格局的变化。

在各个地区的开发过程中，及时调整资源的合理配置，调整区域空间结构是十分必要的。目前存在的空间问题主要有：盲目开发、浪费土地、破坏环境、破坏资源等。区域空间结构的不合理，其危害是十分深远的。它会导致我国区域整体发展的不协调，对我国的可持续发展造成危害。

要实现区域空间结构的合理化发展，首先，区域规划要坚持其科学性和前瞻性，加强宏观的规划指导和调控手段的应用；其次，合理利用有限的土地资源，通过对各种用地的大小比例和布局进行调整，使产业结构与区域结构同步优化；最后，增加区域中心城市的吸引力及向心力，优化整个地区的空间结构。

经历大规模的区域开发之后，中国的区域经济格局必然产生重大变化。三大地带的格局将被打破，西部开发引起的西部范围的扩大已经打破原有的地带划分，振兴东北又使东北作为一个整体出现在中国区域经济发展的格局当中，中部崛起使中部的地位得到提升。从国际上的经验来看，大的"地带"应当是概念性、理性化的，大区的划分应当是实质性的。划分类型区并进行完整的区域经济规划将成为今后的重要任务。

四、城镇化与区域创新问题

（一）城镇化问题

城镇化是社会发展的客观趋势，是现代化的必由之路。推进城镇化是解决我国农业、农村、农民问题的重要途径，是推动区域协调发展的有力支撑，是扩大内需和促进产业升级的重要抓手，对全面建成小康社会、加快推进社会主义现代化具有重大现实意义和深远历史意义。改革开放以来，我国城镇化进程明显加快，国际社会也普遍肯定中国城市发生的巨大变化。美国经济学家约瑟夫·斯蒂格利茨曾表示，中国的城镇化是影响21世纪人类社会进程的两件最深刻的事情之一。但同时，我们也要清醒地看到，我国城镇化在快速发展中也积累了不少矛盾和问题。可以说，我国城镇化发展已经站在新的历史起点上，它既面临着巨大机遇，又面临着诸多难题。尤其要看到，在我们这样一个人口众多的发展中大国实现城镇化，在人类发展史上没有先例。

在这样一个关键时期，正确的方向就是新型城镇化。为了推进新型城镇化，2013年12月，我国召开中央城镇化工作会议，它是进入新时代以来中央召开的第一次城镇化工作会议，是经济社会发展中的一件大事，是全面深化改革的一项重大举措，在我国现代化进程中具有标志性意义，对推动城镇化沿着正确方向发展，具有重要战略意义和指导作用。城镇化是一个自然历史过程，必须遵循规律、因势利导，既要积极，又要稳妥，更要扎实，使之成为一个顺势而为、水到渠成的发展过程。只有把发展质量摆在突出位置，把握好以人为本、优化布局、生态文明、传承文化等基本原则，处理好市场和政府、中央和地方的关系，才能推进以人为核心的城镇化。

（二）区域创新问题

随着我国经济的不断向前发展，各地区间的合作与竞争日益加剧。区域创新是推动区域经济发展的基本力量。所以，区域创新研究成为区域经济研究的重点。

所谓区域创新能力，就是指一个地区将知识转化为新产品、新工艺、新服务的能力，包括知识创造能力、知识流动能力、企业的技术创新能力、创新的环境、创新的经济效益等多方面的要素。选择各地区适合的创新模式，提高区域的创新能力，从根本上说是增强该地区的经济实力和综合竞争力，对区域的发展起到了关键的促进作用。

区域创新研究的内容主要有下列四个方面：

第一，区域技术创新。增强区域竞争力，关键在于技术的创新。研究重点是：如何实现科学技术从知识形态转化为物质形态，实现经济与技术的紧密结合，使科学技术真正成为推动区域经济发展的重要力量。

第二，区域产业创新。产业结构的调整是未来的重点，但产业结构调整需要明确未来的方向。研究思路是：以地区优势作为产业选择的依据，推进产业选择的区域化道路，而不是全国性的重工业化或轻工业化。

第三，区域环境创新。研究思路是：以建设良好的地区经济发展环境为指导，实现区域良好的自然环境、优越的投资环境和友善的社会生活环境，通过环境来吸引投资，发展地区经济。

第四，区域空间创新。以开发新区来解决老区的各类问题，需要有一个可持续发展的思路。开发新区的主要任务应当从"招商引资"转向聚集区域现有企业，以提升现有企业的技术水平和产品生产水平为重点，促进现有产业技术的升级。

五、区域规划与地区差异问题

（一）区域规划问题

在我国，由于区域关系问题的突出显现，区域经济研究开始重视通过区域经济规划和区域政策解决区域问题。

进入 21 世纪之后，我国的区域开发掀起高潮。随着西部大开发的启动、东北的振兴、中部的崛起，区域开发规划的研究也进入新的阶段。区域经济发展战略是要解决一个区域的发展方向、定位、结构、布局和政策等问题，勾画一个地区发展的宏观蓝图，把握一个地区的发展方向和进程，并进行发展当中的调控。区域规划是发展战略的具体化，解决具体的时间、地点、发展的部门、规模以及资源的配置等问题。现代区域规划的一个突出特点是解决发展的实施问题，即具体的操作问题，这是区域经济学应用性的具体体现。

（二）地区差异问题

统筹区域发展，是指从全国区域经济发展格局的角度，处理好不同区位、不同发展水平、不同发展特点区域之间的各种关系，有重点、分阶段地全面解决各种类型的区域问题，通过政府有目的的调控，促进各种类型区域的社会经济发展。

我国的地区经济差异问题主要表现在东、中、西三大地带的差异上。地带性差距不断扩大，引起了一系列的区域矛盾和问题。要解决这个矛盾，应当在不损害发达地区经济发展的基础上加快发展落后地区的经济。其中，我国区域差异的收敛性问题、对我国区域经济发展水平差异的衡量方法问题等是研究的重点，基尼系数、锡尔系数等被应用到差异的研究中来。

六、区域协调发展问题

区域协调发展首先是统筹城乡发展的战略。统筹城乡发展的直接目标是实现城乡一体化。城乡一体化是指在城市化的过程中，人口向城市集中，产业在城乡之间分工，农村地区接受城市文明，实现乡村的生产效率与农村居民的生活质量与城市趋于一致。统筹城乡发展的最终目标是实现城乡协调发展，建立中国的现代社会经济结构，保持国家长期持续的发展。

区域协调发展还包括区域经济一体化问题。随着经济全球化的深入进行，世界经济融合的脚步越来越快。在加入 WTO 之后，中国面临着来自外部的越来越大的竞争压力。为了应对来自国外特别是发达国家的挑战，中国必须处理好内部的区域经济关系，通过区域经济一体化，加快区域内部的交流与融合，联合起来参与国内外的竞争与合作。区域经济一体化是区域经济发展的高级形式，是建立在区域分工与协作基础上，通过生产要素的区域自由流动，推动地理位置上邻近的区域经济整体协调发展的过程。区域经济一体化的基础主要是经济存在互补性，主要原则是互利互惠。区域经济一体化主要是建立在空间一体化理论的基础之上，表现为区域空间形态、市场、产业、交通、信息、制度等多方面的一体化。

第三节　区域经济发展相关理论

区域经济发展理论是区域经济发展战略的基础和理论依据，正确的、科学的、适合区域实际的经济发展理论，是研究区域经济发展的关键。区域经济的发展不仅取决于区域内的资本、技术、管理等因素的综合作用，更重要的是区域外部因素对区域经济的合理推动，如外部的技术与人才引进等均对本区域的经济发展起着极为重要的作用。因此，区域经济发展动力系统的研究，必须在系统思想指导下，以区域经济理论为基础，充分发挥多学科理论与方法的重要作用。

一、区域经济的增长理论

区域经济增长是多种影响因素相互作用的过程。对区域经济增长要素的分析，是研究区域经济增长的起点。

（一）区域经济增长与区域经济发展

区域经济增长与区域经济发展两者是有本质差别的，所谓区域经济增长是指一个区域在一定时期内包括产品和劳务在内的总产出的增长。而区域经济发展则意味着建立在区域经济增长基础之上的区域结构的高度化演进，这种结构的高度化演进集中体现在区域产业结构和空间结构的高度化演进上。通俗地说，经济增长只是量的扩张，而经济发展则是质的飞跃。一般情况下，一个区域由落后经济走向发达经济要经过增长为主—发展为主—增长为主—发展为主的多层次循环。因此，区域经济发展与区域经济增长彼此是互动的、相互联系的，并共同作用于整个区域经济的运行过程之中。

（二）区域经济增长要素的分类

基于不同视角，采用不同的分类标准，可将区域经济增长要素划分为不同的类型。国内学者提出的分类方法可以归纳为以下三类：

1. 基于各种要素性质、特征和作用的差异视角的分类

根据区域经济增长诸要素的性质、特征和作用的不同，将其分为"区域性因素"和"一般性因素"两类。区域性因素是区域特有的增长因素，反映区域经济增长的个性特征。区域性因素包括：区域资源配置的改善、区域经济中心的发展、区域经济的组织与管理的改进、城市化水平、资源禀赋与配置、国家投资的区位偏好。一般性因素是国家和区域共有的增长因素，反映区域经济增长的共性特征。一般性因素包括：劳动投入量、资金投入量和技术进步。

按此分类标准，也可将区域经济增长诸要素分为"供给面要素"（生产要素）、"需求面要素"和"作用于供、求方面的要素"三类。还可将区域经济增长诸要素表述为七类：自然条件和自然资源（恒常要素）、劳动力要素（资源）、资本（物质资本）、技术条件（技术进步、创新）、区际贸易要素①、结构变化（产业结构、就业结构变化、企业组织结构变化）、制度安排（区域经济政策、体制、政策和法规、道德、伦理、观念和习惯等）。

2. 基于各种要素的区域来源视角分类

影响区域经济增长的因素很多，一般可分为内部因素和外部因素两大类：内部因素，包括供给因素、需求因素和区域空间结构；外部因素，包括区域间生产要素流动和区域间贸易。

内部因素中的供给因素就是生产要素的供给，主要包括劳动力、资本和技术，它们是衡量一个区域经济增长潜力的基本指标，可以用生产函数来表示。其中：$Y = AK^\alpha L^\beta$，Y 表示产出；A 表示技术；K 表示资本；L 表示劳动

① 产生于20世纪50年代的输出基础理论是关于区域经济增长动力的经典理论，该理论强调区外需求是决定区域经济增长的最重要因素，区域产出部门是区域经济增长的"引擎"。胡佛认为，需求和供给都是区域经济增长的决定因素，区域经济增长的动力不仅是输出产业，而且还包括减少区域货币流出的其他产业。

力；$0 < \alpha + \beta < 1$。需求因素包括消费和投资两方面，也就是区域总需求。而总需求的变动具有乘数效应，即消费或投资的增加往往会导致区域收入呈倍数增加。由于经济活动空间的不均匀分布，所以良好的区域空间结构可使经济活动在空间上呈现有效率的分布并达到最大的集聚经济。

外部因素中的区域间生产要素流动包括劳动力迁移、资本流动和技术知识的传播等。一般高收入区域将吸引劳动力的迁入，资本则多由低资本收益率区域流向高收益率区域。从理论上讲，区域间的资本收益率在市场机制作用下将趋于均等化，但由于市场信息的不完备、风险的不确定性和资本空间聚集效应的存在，使得区域间资本收益率无法达到均等。技术知识则多从较发达地区传播到其他较不发达地区。

3. 基于各种因素与社会生产过程的相关程度视角的分类

根据区域经济增长诸要素与社会生产过程的相关程度，将其分为"直接影响因素"和"间接影响因素"两类。直接影响因素即"生产的因素"，是指直接参与社会生产过程的因素，包括劳动力、资本和技术。直接影响因素对区域经济增长起着决定性的作用。间接影响因素即指对社会生产过程间接发生作用的因素，包括自然条件和自然资源、人口、科技、教育、经营管理、产业结构、对外贸易、经济技术协作、经济体制和经济政策等。间接影响因素一般通过改善生产条件、劳动力和生产资料的质量来影响区域经济的增长。

总之，影响区域经济增长的要素是多元的。区域经济增长要素分析应重点关注以下三大内容：生产要素分析，即分析劳动力、资本、技术等生产要素对区域经济增长的决定性影响作用；制度要素分析，制度分析是新制度经济学倡导的一种具有相当强解释力的分析方法；结构要素分析，西方区域经济增长理论研究的侧重点是区域经济增长的动力机制及其区际差异问题，产业结构及空间结构一般被置于其理论框架之内，作为影响区域经济增长过程的一个变量。

（三）区域经济增长要素的功能

区域经济增长取决于多种要素相互作用的合力，这些要素对区域经济增长的作用各不相同，但又相互联系。如何区分各要素对区域经济增长的贡献，是一个重要而又困难的论题。区域经济增长要素理论一般侧重分析主要要素对区域经济增长的影响作用。

1. 自然条件和自然资源要素

自然条件和自然资源要素作为区域经济增长的物质基础，是影响区域经济增长的基本要素，具体表现为对劳动生产率的影响，对区域产业结构的影响，对区域初始资本积累的影响等，亦即首先影响区域经济的投入结构，进而影响区域经济产出结构。

2. 劳动力资源要素

劳动力资源对区域经济增长的作用主要表现在：劳动力投入量的增加，可提高区域经济的产出水平；影响生产要素投入的结构，劳动力资源丰富区域适宜发展劳动力密集产业，而劳动力资源短缺、资金充裕区域则适宜发展资本密集型产业，从而促进生产要素优化配置；劳动力素质的提高必然导致劳动生产率的提高以及产出的增加；有序的劳动力空间流动有利于促进劳动力资源的重新配置，在一定程度上促进劳动力流入区、流出区经济增长。

3. 资本要素

资本是一种相对稀缺的生产要素，资本形成对经济增长具有决定性的影响。资本存量的多寡，特别是资本增量形成的快慢，往往成为促进或阻碍区域经济增长的基本要素。

4. 技术要素

技术要素已成为经济增长的内生变量，技术进步对区域经济增长的影响日趋跃居主导地位，区域的技术能力已成为区域经济增长的核心要素。技术进步对区域经济增长的影响主要表现在：不同的技术条件决定了各种要素在经济活动中的结合方式；技术进步不断改善劳动手段和劳动对象；技术进步能促进劳动力素质的提升；技术进步能促进产业结构的优化升级。

5. 区际贸易要素

区际贸易也是影响区域经济增长的重要因素，对区域经济增长具有乘数效应。

6. 结构要素

区域内企业组织结构调整、产业结构优化配置及产业组织结构优化、空间结构的合理有序等，都是促进区域资源优化配置的重要途径，是促进区域经济增长的重要因素，影响区域经济的稳定增长。

7. 制度安排

政府通过正式制度安排（体制、政策、法规、组织、规划）可以改变区域的要素供给特征和要素配置效率，影响区域经济增长速度。区域非正式制度安排（道德、伦理、观念、风俗习惯或文化传统、企业家精神）的差异导致区域制度创新能力的差异，进而影响区域经济增长速度和质量。

（四）区域经济增长模型

区域经济增长模型就是通过对影响区域经济增长的某个或某些要素的分析，在一系列假设前提下，所建立的影响区域经济增长的若干变量间的数学关系模式。较常见的区域经济增长模型有：新古典区域经济增长模型、希伯特区域经济增长模型和理查森区域经济增长模型。

新古典区域经济增长模型是运用新古典学派的经济增长理论，以纯供给要素为出发点所建立起来的理论模式。该理论认为，在规模收益不变，存在完全竞争的产品和要素市场的前提下，区域经济长期增长来源于资本、劳动力和技术进步三个要素的区内供给率差异和区际流动。由于假定随着区域资本劳动力的提高，边际劳动生产率也提高，而边际资本生产率则降低。因而，资本与劳动力的流向相反，即劳动力将由低工资区域流向高工资区域，而资本则将由高工资区域流向低工资区域。其结果导致区域间的差距趋于缩小，区域经济趋于均衡增长。新古典区域经济增长模型可用如下方程表示：

$$Y_i = \alpha_i K_i + (1 - \alpha_i) \, L_i + F_i \qquad (1-1)$$

其中：

$$K_i = \frac{S_i}{V_i} \pm \sum_j K_{ji}, \ j \neq i \qquad (1-2)$$

$$L_i = \frac{N_i}{V_i} \pm \sum_j M_{ji}, \; j \neq i \qquad (1-3)$$

$$K_{ji} = f\left(R_i - R_j\right) \qquad (1-4)$$

$$M_{ji} = f\left(W_i - W_j\right) \qquad (1-5)$$

式中，Y_i、K_i、L_i 分别为区域的产出增长率、资本增长率、劳动供给增长率。α_i 为资本对收入的弹性系数，S_i 为储蓄率对收入的弹性系数，V_i 为资本产出率，K_{ji} 为资本每年从 j 区域流向 i 区域的数量占 i 区域资本存量的比例，M_{ji} 为 j 区域流向 i 区域的每年净迁移人口数量占 i 区域总人口数量的比例，R_i、R_j 分别为 i 区域、j 区域的资本收益率，W_i、W_j 分别为 i 区域、j 区域的工资率，N_i 为 i 区域的人口自然增长率。

新古典区域经济增长模型主要是从要素供给的角度，讨论要素对区域经济增长的影响。希伯特运用宏观经济分析方法，综合了供给、需求、内外部效果等因素的分析，通过一系列假设和恒等式，提出了一个一般性、总体性的区域经济增长模型；理查森又进一步把区域空间结构的变动对区域经济增长的影响，引入新古典区域经济增长模型，提出了一个空间维的区域经济增长理论模型。其数学表达式如下：

$$Y = \left[\alpha K + (1-\alpha)\, L\right]^{\alpha} + T \qquad (1-6)$$

式中，K、L、T、Y 分别是资本对收入的弹性系数、资本增长率、劳动供给增长率、技术进步增长率，指数表示规模收益递增（$\alpha > 1$）、递减（$\alpha < 1$）与不变（$\alpha = 1$）。

其中：

$$K = b_1 A + b_2 y - b_3 K_0 - b_4 CV_z + b_5\left(R - R_0\right) \qquad (1-7)$$

（b_1、b_2、b_3、b_4、b_5 表示变量系数）

式中，A 为聚集经济，y 为区域收入增长率，K_0 为区域资本存量，CV_z 为区域 z 个城市每一单位面积资本存量的变异系数，R 为该区域资本收益率，R_0 为全国资本收益率。

$$L = b_6 n + b_7 A + b_8 F + b_9\left(W - W_0\right) \qquad (1-8)$$

式中，n 为人口自然增长率，A 为聚集经济，F 为区位偏好，W 为区域工资率，W_0 为全国工资率。

$$T = b_{10}A + b_{11}K + b_{12}GN_1 + b_{13}QT_0 \qquad (1-9)$$

式中，A 为聚集经济，K 为资本增长率，GN_1 为区域首位城市在全国城市体系中的位次，Q 为区域和其他区域联系的程度，T_0 为全国技术进步率。

理查森的区域经济增长模型明显地合并了空间不平衡增长与经济由区域间要素流动所导致的平衡增长过程。聚集经济及各种聚集变量决定了劳动力、资本、技术进步在空间上的聚集，从而导致区域间的不平衡发展及区域内经济的增长。而各种区域差异变量与区域资本存量的大小，则可能导致区域间的均衡发展。因而，区域间的均衡或非均衡发展取决于集中与分散这两股力量相互作用的结果。

二、区域经济的非均衡发展理论

(一) 佩鲁的"增长极"理论

佩鲁的增长极理论[①]是建立在现代系统科学和现代自然科学（特别是现代物理学）基础之上的非均衡发展理论。他认为，经济发展并不是在每个地区以同样速度平衡进行的，相反，在不同时期，增长的势头往往集中在某些主导部门和有创新能力的行业，而这些主导部门和行业一般聚集在某些大城市或地区，并在这些中心地带优先发展起来。这些大城市或地区便成为"增长极"。增长极往往又是生产中心、贸易中心、金融中心、信息中心、交通中心和决策服务中心等。在受力场作用的影响下，增长极产生着类似磁极作用的各种离心力和向心力，每一个中心的吸引力和排斥力都产生相互交汇的一定范围的场，能够产生吸引和辐射作用，从而促进自身并推动其他部门和地区的发展。这些极少的中心对其他经济单位存在着支配效应，这种支配效应主

---

① 增长极理论是由法国经济学家费朗索瓦·佩鲁在 1950 年首次提出的，该理论被认为是西方区域经济学中经济区域观念的基石，是不平衡发展论的依据之一。增长极理论认为：一个国家要实现平衡发展只是一种理想，在现实中是不可能的，经济增长通常是从一个或数个"增长中心"逐渐向其他部门或地区传导。因此，应选择特定的地理空间作为增长极，以带动经济发展。

要来自其创新能力。形成增长极要具备三个条件：一是在该地区必须有足够创新能力的企业和企业家群体；二是必须具有一定的规模经济效益；三是必须有适当的有利于经济发展的环境。

20 世纪 60 年代以后，许多学者又将增长极的概念从抽象的经济意义推广到具体的地理空间之中。20 世纪 60 年代初期法国经济学家 L. 罗德文开始将增长极理论应用于区域规划之中，提出了增长极的空间含义。20 世纪 60 年代中期，法国经济学家布代维尔又系统分析了经济空间的概念，提出并拓展了佩鲁的增长极理论，他基于外部经济和聚集经济的分析，将增长极的经济含义推广到地理含义，认为经济空间不仅包含了一定地理范围相联系的经济变量之间的结构关系，而且也包含了经济现象的区位关系。这些关系强调了增长极的结构特征。此后，尼科尔斯、达温特等学者把增长极作为增长中心或城市，进一步把增长极视为具体的空间单元。W. 艾萨德还研究和探讨了空间相互作用引力等问题，使这一问题进一步得到深化。

（二）缪尔达尔的"地理上的二元结构理论"与"循环累积因果理论"

瑞典经济学家贡纳尔·缪尔达尔认为，发展中国家一般都存在着"地理上的二元经济结构"，即经济发达地区和经济不发达地区并存。经济发达地区（增长极）的发展对不发达地区产生两种效应：一种是回波效应，一种是扩散效应。经济发达地区优先发展，不仅对自身和经济落后地区具有促进作用，而且也存在着对落后地区产生不利影响。发达地区人均收入、工资和利润水平及其他要素的收益都高于落后地区，必然会吸引着落后地区的资金、劳动力、技术、资源流向发达地区，这就是回波效应（极化效应）。这种效应使发达地区越来越发达，落后地区越来越落后。同时，发达地区发展到一定程度后，由于人口稠密、交通拥挤、环境污染、资源短缺等问题出现，使生产成本上升，外部经济效益下降，从而又使资金、劳动力、技术等生产要素倒流向经济落后地区，这就是扩散效应（涓流效应）。扩散效应会带动落后地区的发展。

缪尔达尔用"累积因果理论"① 来说明发展中国家"地理上二元经济结构"的消除。他指出，地理上二元经济结构之所以产生，是由于地区间经济发展的差距，包括人均收入、工资水平差距的存在。这种差距会引起"累积性因果循环"，使发达地区越来越发达，对生产要素的吸引力越来越大，这两者又相互促进，螺旋式上升。与此同时，落后地区由于生产要素外流，也变得越来越落后，两者也相互促进，形成螺旋式下降，使落后地区与发达地区的差距越来越大。这种由于要素收益差距而引起的劳动力、资金、技术和资源等由落后地区流向发达地区的现象，就形成了"回波效应"。但回波效应并不是无限制地存在下去，当发达地区发展到一定程度时，由于产生外部经济，形成扩散效应时，发达地区就会逐渐带动落后地区的发展，从而使落后地区与发达地区的差距慢慢缩小，最终实现两者的均衡协调发展，二元经济结构自动消除。

（三）赫希曼的"不平衡增长"理论

艾伯特·赫希曼是德国著名的发展经济学家，他在 1985 年出版的《经济发展战略》一书中正式提出了"不平衡增长"② 理论。赫希曼由衷地反对"平衡学说"。他认为，发展是一种不平衡的连锁演变过程。

赫希曼提出了"联系效应"的概念，其中前向联系效应是指一个生产中间产品的企业或产业的建立，将导致利用其产品作为某种新生产活动的半成品投入的新企业或新产业的建立和发展。后向联系效应是指一个生产中间产

---

① 累积因果理论，又叫循环累积因果理论，是由著名经济学家缪尔达尔在 1957 年提出的，后经英国经济学家尼古拉斯·卡尔多、美国经济学家迪克逊·威克特和英国经济学家瑟尔沃尔·瓦尔等人发展并具体化为模型。缪尔达尔等认为，在一个动态的社会过程中，社会经济各因素之间存在着循环累积的因果关系。某一社会经济因素的变化，会引起另一社会经济因素的变化，这后一因素的变化，反过来又加强了前一个因素的那个变化，并导致社会经济过程沿着最初那个因素变化的方向发展，从而形成累积性的循环发展趋势。

② 不平衡增长理论是非均衡增长论的理论之一，是德国经济学家阿尔伯特·赫希曼 1958 年在《经济发展战略》一书提出的，核心内容包括三大部分，即"引致投资最大化"原理、"联系效应"理论和优先发展"进口替代工业"原则。不平衡增长理论主张发展中国家应有选择地在某些部门进行投资，通过其外部经济使其他部门逐步得到发展的经济学说。赫希曼从主要稀缺资源应得到充分利用的认识出发，提出了不平衡增长理论。

品的企业或产业的建立，将会导致为其提供原材料、零部件及动力等的产业的建立和发展。

赫希曼认为，经济发展不会在所有地方同时出现。经济发展中常常由于各种因素使经济增长集中于起始点附近地域。除了一个地方的区位优势之外，其他优势来自靠近工业气氛浓厚，对创新与冒险特别能接受的增长中心，这些增长中心就是"增长极"。经济增长在区域间与国际间由发达地区向欠发达地区传递，这种传递是通过"极化效应"与"淋下效应"实现的。"极化效应"是指经济、技术等由增长极向发展极集中的趋势，而"淋下效应"则是指发达地区对欠发达地区的经济、技术、信息等的扩散作用和辐射作用。"淋下效应"与"极化效应"相比，最终将取得优势。因此，落后地区在"淋下效应"作用下，与发达地区的差距会越来越小，最终实现地区间的均衡发展。

三、区域经济的发展阶段理论

区域经济发展是一个动态的过程，在这一过程中，量的变化和质的飞跃使区域经济发展呈现出不同的阶段性。关于区域经济发展的阶段理论，比较有代表性的是胡佛－费雪尔的区域经济发展阶段理论、罗斯托的区域经济增长阶段理论、约翰·弗里德曼的区域空间成长阶段理论以及我国学者提出的区域经济发展阶段论。

（一）胡佛－费雪尔的区域经济发展阶段理论

美国区域经济学家埃德加·M. 胡佛与约瑟夫·费雪尔 1949 年发表了《区域经济增长研究》一文。他们从产业结构和制度背景出发，指出任何区域的经济增长都存在"标准阶段次序"，都会经历大体相同的过程。大体将区域经济发展划分为五个阶段。

1. 自给自足经济阶段

区域内的经济活动几乎全部是农业，贸易活动很少。区域之间缺少经济交流，呈现出较大的封闭性，各种经济活动在空间上呈散状分布。

2. 乡村工业崛起阶段

随着农业和贸易的发展，以农产品、农业剩余劳动力和农村市场为基础发展起来的乡村工业开始从农业中分化出来，并集中分布在农业发展水平相对较高的地方。区域内贸易和专业化分工增强。

3. 农业生产结构转换阶段

农业生产方式发生了质的变化，由粗放经营型向集约经营型转化。区域间贸易和经济交往扩大，区际联系加强。

4. 工业化阶段

矿业和制造业活动兴起，工业逐渐替代农业成为新的主导产业部门，成为推动区域经济增长的主导力量。一般情况下，最先发展起来的是以农副产品为原料的食品加工、木材加工和纺织等行业，随后是以工业原料为主的冶炼、石油加工、机械制造、化学工业。

5. 服务业输出阶段

这是区域经济发展的最后一个阶段，服务业快速发展并逐渐占据主导地位，成为推动区域经济增长的重要动力。此时，拉动区域经济继续增长的因素主要是资本、技术以及专业性服务的输出。

（二）罗斯托的区域经济增长阶段理论

美国经济史学家惠特曼·罗斯托在 1960 年出版的《经济增长的阶段：非共产党宣言》一书中，对区域经济发展的阶段性规律作了颇有影响的探讨分析，在宏观经济层面上提出了一个国家或区域的经济增长需经历：传统社会阶段、"起飞"准备阶段、起飞阶段、成熟阶段、高额消费阶段等五个阶段的观点。在 1971 年出版的《政治与增长阶段》一书中，罗斯托又补充了一个阶段——追求生活质量阶段。罗斯托认为，这六个阶段中，起飞阶段和追求生活质量阶段是两个关键性的阶段。

1. 传统社会阶段

罗斯托认为，传统社会的社会结构虽然是在生产功能有限的情况下发展起来的，但增长在一定条件下还是存在的。他认为，传统社会生产力水平低下，产业结构单一，区域内的经济活动基本上是原始的农业活动，农业是居民和国家的主要收入来源。

2. "起飞"准备阶段

即为起飞创造前提条件的阶段，是向起飞阶段过渡的阶段。这一阶段，农业制度开始变化，农业生产技术有所改良；家庭手工业和商业逐渐兴起，出现了专业化的分工和协作；资本市场开始发育，金融制度应运而生；城市不断发展，经济活动开始突破地域的限制，国内外贸易扩张。罗斯托认为，经济和整个社会的变化对以后的增长具有关键意义，为经济起飞创造了条件。

3. 起飞阶段

经过长期的积累，经济增长发生了质变，由缓慢增长进入持续、高速的增长阶段，即起飞阶段。罗斯托认为，在人类经济增长的六个阶段的转变时期，是传统社会进入现代社会的分水岭，是社会变化的飞跃。这一阶段，人均国民收入快速、持续地增长；农业技术进一步提高，农村经济走向商品化，劳动力向工业领域的流动加速；资本在部门间的转移加快；近代工业和交通运输业带动了其他产业的快速发展，成为推动经济增长的主导力量。

罗斯托认为，经济"起飞"必须具备三个基本条件：一是高积累率，确保生产性净投资率达到国民收入的10%以上；二是培植以制造业为代表的区域主导产业；三是建立一个有利于现代产业扩张的政治结构、社会结构和制度结构。

4. 成熟阶段

这一阶段，新的主导产业部门（钢铁、电力、煤炭等）逐渐替代了旧的主导产业部门，成为带动经济增长的"火车头"；劳动力素质提高了，农业劳动力持续向工业部门转移；人口继续向城市集聚；新的管理方式、新的融资方式以及新的销售方式不断出现。

5. 高额消费阶段

这一阶段，在满足基本生活必需品消费需求的基础上，人们对耐用消费品和服务业的需求空前增长，导致消费结构发生重大变化；为了满足耐用消费品需求的增长，主导工业部门开始转移到生产耐用消费品和服务业方面来，汽车工业成为这一阶段具有代表性的主导部门，标志着"高额消费阶段"的形成。这一阶段的经济特点主要是"服务型"经济和"福利型"经济。

6. 追求生活质量阶段

随着物质生活水平进一步提高，耐用消费品的边际效用趋于递减，人们开始追求生活的舒适，开始偏好文化娱乐方面的享受，这一消费倾向的改变对第三产业提出了更高的要求。人类不再以有形产品数量的多少来衡量社会的成就，而是以"生活质量"的增进程度作为衡量区域是否成熟的标志。

（三）约翰·弗里德曼的区域空间成长阶段理论

美国著名城市与区域规划学家约翰·弗里德曼通过对发达国家及不发达国家的空间发展规划的长期研究，在考虑区际不平衡较长期的演变趋势的基础上，将经济系统空间结构划分为核心和边缘两部分。在 1966 年出版的《区域发展政策——委内瑞拉案例研究》一书中，他首次提出了核心－边缘论。并在此基础上以空间结构、产业特征和制度背景为标准，将区域经济发展分为四个主要阶段。

1. 工业化过程以前资源配置时期

这一阶段区域生产力水平低下，农业经济占绝对优势，城市规模较小，腹地之间的联系几乎没有或极其微弱，空间结构呈原始状态。

2. 核心边缘区时期

随着社会分工的不断深化，区域贸易的日益频繁，区位条件好、资源优势突出、交通便捷的区域发展成为城市，即核心区，而广大的农村则成为边缘区。核心区由于发展条件较好，经济效益高而处于支配地位；而边缘区由于发展条件较差，经济效益低而受制且依附于核心区，处于被支配地位，空间二元结构十分明显，核心区与边缘区的经济发展不平衡加剧。

3. 工业化成熟时期

随着经济的发展，核心区发展加快，核心区与边缘区的差距进一步加大。权力分配、资金流动、技术创新、人口迁移等都进一步向核心区集聚。

4. 空间经济一体化时期

当经济进入持续发展阶段，随着政府干预的加强、区际人口的转移、市场的扩大、交通运输的改善和城市层次的扩散等，核心区与边缘区的界限会逐渐消失，区域空间走向一体化。

（四）我国学者对区域经济增长阶段理论的研究

1. 陈栋生等的区域经济成长阶段论

我国著名区域经济学家陈栋生等在 1993 年出版的《区域经济学》一书中对区域经济成长阶段进行了研究。他们认为，区域经济的成长是一个渐进的过程，可分为待开发、成长、成熟和衰退等四个阶段。

（1）待开发阶段。其主要特征是，区域经济处于未开发或不发育状态，社会生产力水平低下，传统农业处于经济活动的主体地位，第一产业在产业结构中所占的比重极高，商品经济不发育，市场规模狭小，资金积累能力很低，区域自我发展能力差，经济增长速度缓慢。

（2）成长阶段。其主要特征是，区域经济高速增长，经济总量规模迅速扩大；技术创新能力不断增强；要素配置更为有效，经济结构明显优化；商品经济逐步发育，区域专业化分工出现并迅速发展；人口和经济活动不断向城市集聚，带动经济增长的增长极由此产生。

（3）成熟阶段。其主要特征是，经济高速增长的势头减缓并逐渐趋于稳定；工业化达到了较高的水平，第三产业较为发达，基础设施齐备，交通和通信网络基本形成；生产部门结构的综合性日益突出，区内资金积累能力增强；人们的消费结构发生了根本性变化。但此时也往往会形成潜在的经济衰退因素。如"空间不可转移"和"不易转移"的要素价格上涨，使生产成本和生活费用增高；设备刚性导致越来越多的产业和产品的比较优势逐步丧失；技术老化、市场萎缩和资源枯竭导致产业的衰退。

（4）衰退阶段。其主要特征是，经济增长失去原有的增长势头；处于衰退状态的传统产业在产业结构中所占比重大，导致经济增长的结构性衰退；经济增长滞缓，区域逐渐走向衰落。

— 31 —

陈栋生等认为，当一个区域开始出现经济增长衰退的征兆时，如果能够及时采取有效的政策，通过经济的多元化和结构的高度化，并建立与之相适应的经济体制，就可以防止出现进一步的衰退，使经济增长趋于稳定，甚至有可能促进经济进入新的增长时期。

2. 陆大道的区域空间结构演变阶段论

我国著名经济地理学家陆大道认为，社会经济的空间结构是历史发展的函数，处在不断变化发展中。在1988年出版的《区位论及区域研究方法》一书中，他提出区域空间结构的演变要经历四个阶段，并且每一阶段有其自身的特点。后来在1999年出版的《区域发展及其空间结构》中进一步深化了这一理论。

（1）农业占绝对优势的阶段。这一阶段，生产力水平低下，社会生产和社会极为封闭。商品经济有所发展，城市开始出现，但仅属于一种较为低级的居民点，仅作为商品交换的场所。城乡之间人员、物质、信息等方面缺乏交流。道路等区域基础设施水平低。总体上，区域空间结构处于不平衡状态，社会经济空间组织的构架呈原始状态，但空间结构较为稳定。

（2）由农业经济向工业化的过渡阶段。社会分工开始明显，出现了繁荣的手工业以及制造业，道路等区域基础设施大大改善。随着商品生产和商品交换的扩大，城乡之间的联系加强，交流日益频繁，城市的区位优势凸显。总体上说，空间集聚的不平衡开始出现，社会经济空间组织的构架在先发达起来的地区开始形成点-轴状态，区域的城镇居民点开始形成等级规模体系。

（3）工业化中期阶段。这一阶段，社会生产力得到进一步的解放，区域经济进入强烈动态增长期。科技迅速发展，第三产业开始出现，城市之间的交换、交流越来越频繁。由于集聚经济因素的强烈作用，大城市越来越发展，区域的第二、第三中心开始出现。大区域间的不平衡加剧。

（4）工业化后期及后工业化阶段。科学技术高度发展，产业结构趋于高度化，社会福利水平大为提高，现代化的交通运输和通信网络基本形成，地区之间就业、收入、消费和选择机会等的差异逐步消失，区域空间结构趋于"平衡"。

陆大道所描述的空间结构演变的四个阶段,反映了社会经济空间集聚或分散趋势变化的一般规律。从这一过程中可以看出:在漫长的农业社会中,社会经济的空间结构在理论上是"平衡"的;随着社会经济的发展,集聚开始出现,空间不平衡加剧;到了工业化的后期或后工业化时期,空间结构又重新回到"平衡"状态。

四、区域经济的均衡发展理论

区域经济均衡发展理论是从发展经济学的有关理论引进并发展而形成的。这一理论主要包括均衡增长理论和大推进理论。其中美国经济学家哈维·莱宾斯坦的临界最小努力命题理论、哥伦比亚经济学家理查德·内尔森的低水平陷阱理论和美国经济学家罗格纳·纳克斯的贫困恶性循环理论是它们产生的逻辑起点。

(一)罗森斯坦·罗丹的"大推进"理论

"大推进"理论是关于发展中国家各工业部门必须同时平衡发展的一种理论。英籍美国经济学家罗森斯坦·罗丹,在《东欧和东南欧工业化的若干问题》一文中首先提出这一理论,后来又在《关于大推进理论的说明》一文中作了进一步阐述。罗森斯坦·罗丹认为,发展中国家摆脱贫困,实现经济发展的途径是工业化,必须对各个工业部门全面地、大规模地投入资本,工业化才能实现,经济才能发展。这是因为,一方面,只有扩大投资规模,同时创建各种企业,才能取得规模经济效益,发挥外部经济效应;另一方面,经济中存在着三种不可分性。这三种不可分性是:第一,资本供给,特别是社会分摊资本供给的不可分性。一个项目,尤其是基础设施建设,需要有一个最低限度的投资量才能建成,如果只进行单项投资是不能产生预期经济效益的,只有在各有关部门同时投资,才能形成生产能力。第二,储蓄的不可分性。发展经济需要大量的投资,因此要有大量的储蓄,而储蓄是受制于收入水平的,收入水平低,消费所占比重大,储蓄就不能提高很快,只有收入水平达到一定限度后,储蓄才可能大幅度提高,而收入的提高有赖于大规模投资于生产。第三，需求的不可分性。投资成功与否同市场需求密切相关，为了形成广大的市场，必须大规模地在各个部门和各个行业同时进行必要的投资，才能形成彼此联系的广大国内市场。

总之"大推进"理论的结论是：对经济进行大规模的投资是至关重要的。应当按照同一投资率和增长率来全面发展工业，把现有的资源均等地分配于一切工业，从而实现投资的最优布局。

（二）纳克斯的"贫困恶性循环理论"

美国发展经济学家纳克斯在 20 世纪 50 年代初期，深入探讨了发展中国家为何经济落后却又停滞不前的原因，提出了著名的"贫困恶性循环理论"。纳克斯指出，不发达地区之所以不发达，是因为它们存在着"贫困的恶性循环"。好比一个穷人：他之所以穷，是因为收入少；收入少是因为工作效率低；效率低是因为吃不饱，身体差；吃不饱又是因为穷。

这便是一个恶性循环。而作为一个国家也同样存在着这种"越穷就越差，而越差就越穷"的"马太效应"。这是因为收入低的国家在现实生活中存在着两个恶性循环。从资本供给方面看，国民收入低导致储蓄少，储蓄少导致资本匮乏，资本匮乏又导致生产率低，生产率低又导致收入少。因此，资本匮乏、收入低下、储蓄少三者互为因果，形成一个恶性循环。从资本需求方面看，国民收入低造成购买力低，购买力低对资本投资缺乏引诱力，缺乏引诱力又导致投资不足，投资不足造成生产率低，生产率低又导致收入低。因此，收入低下、投资不足、购买力低三者互为因果，又形成另一个恶性循环。上述两个恶性循环相互制约，相互叠加，任何一个循环都无法自行突破，转为良性循环。

纳克斯认为，要真正打破这两个贫困恶性循环，就必须在各个部门、各个企业之间谋求平衡增长。只有同时全面地投资于工业、农业、外贸等国民经济各部门，使一切部门同时扩大，才能形成广大的市场，并对经济增长起决定性作用。当然，谋求平衡增长并不是在国民经济各部门按同一比例来投资，而是按不同的比例，对发展薄弱和有关键作用的部门多投资，以便实现各部门的协调发展。

第二章　区域经济发展的区域产业布局

产业布局是实现产业在空间上合理分布的过程。企业在空间上的不断聚集，会对劳动力、资金、市场、运输、技术和智力资源等软环境和影响其商务成本的诸多因素要求越来越严格，其间的联系也越来越紧密，进而构成具有网络联系的产业集群。

第一节　产业布局指向与地域合理规划

产业布局受到诸如自然、运输、劳动力、聚集、市场、技术、社会、行为等多种因素的影响，因考虑问题侧重点的不同，形成了各种不同的布局理论。

一、区域经济发展的产业布局指向

在各种因素和布局机制共同作用下的产业布局，往往反映出对某一类地域的倾向，我们将其称为布局指向，这是从产业的角度来分析的产业布局的活动。

（一）区域经济发展产业布局指向的类型

1. 能源指向

能源指向部门包括：火电站，铝、镁、铜等有色金属冶炼，电冶合金，稀有金属生产，合成橡胶以及石油化工等。另外，重型机械制造、水泥、玻璃、造纸业等在有些情况下也属于能源指向型产业。在这类部门中，能源的耗费在生产成本中占有很高的比重，一般在 30% ～60%。能源的供应量、价格和潜在的保证程度是决定产业布局的重要因素。

2. 原料指向

原料指向部门包括：采掘工业部门，原料用量大或可运性小的部门。如原料开采、化纤、人造树脂、塑料、水力发电、钢铁、建材、森林工业、机械制造（部分），以及轻纺工业、制糖、罐头、肉类加工、水产加工和茶叶、棉花、毛皮等的粗加工业。原料地指向型产业大多是物耗高的产业部门，一般要考虑资源的数量、质量和开采的年限，还要考虑运输的能力等。

3. 消费地指向

消费地指向部门主要包括为当地消费服务的部门，以及产品易腐变质、不耐用、不易储存的部门。如重型机械、大型机械和特种机械的制造，建筑构件制造，面包、糖果、缝纫以及各类副食品生产部门。布局的要点是考虑产品本身的特性、产品就近销售的比重以及消费地所能够提供的产业间的协作规模。

4. 劳动力指向

在劳动力指向部门中，劳动力费用的支出在产品成本构成中占有很大的比重，超过其他费用项目的支出。如仪器制造、纺织、缝纫、制鞋、制药、塑料制品以及工艺美术品等。劳动密集型产业的布局，往往考虑地区劳动力的供应情况。

5. 交通运输枢纽指向

交通运输枢纽兼有各类布局指向的优点。交通运输指向包括：若企业用一种原料生产一种产品，在一个市场出售，且在原料与市场之间有直达运输线，则因为在中间设厂将增加站场费用，因此企业布局在交通线的起点或终点最佳，这是大城市工业集中的重要原因之一；如果原料地和市场之间无直达运输线，原料又是地方失重原料，则港口或其他转运点是最小运输成本区位。另外，产品耐运性较强、运费在产品成本中所占比重很高的部门，也具有交通运输指向。

6. 高技术指向

高技术指向部门如电子计算机、生物工程、航天工业、机器人工业、新材料、新能源等，要求运用最先进的科技成果，研发能力强，设备先进，劳动力素质高，多布局在科研单位和大学聚集区附近，如日本的筑波、我国的中关村等。

（二）区域经济产业布局指向的内涵

产业布局指向给出了一个产业区位选择的趋向，地区对产业的吸引，是将产业引到一个具体的地点。

有些地区发展生产的条件比较优越，资源集中，供电、供水及交通等基础设施均较好，这样的地区，可能对很多种产业的布局来说，都是理想的地点。特别是这个地点如果能够集市场与原料地于一体，那么各类指向型企业都可能向此地集中。例如，一个大城市，本身就是一个巨大的市场，如果在它的周围矿藏丰富且能源富集，又拥有发达的交通网络和大型的港口，那么它无疑将成为很多企业布局的理想之地。

但是，更多的情况是，一个地区的布局条件具有某些有利方面，但也存在一些不利的或限制性因素。例如，一个大型水电站的周围地区可能拥有大量廉价电力这一有利的布局条件，那些对电力有特殊要求的、具有燃料动力指向的有色冶金、电化学等企业，可以在此布局。但这个地区可能还存在这样或那样的限制条件，如环境限制等。但只要不是不可克服的因素，我们往往倾向于利用一个地区布局的最有利条件，这样可以使在此布局的企业，获得生产成本上的节约超过克服不利条件带来的成本增加。

有些地区，限制性条件可能成为主要的制约因素。例如，某一地区的各类布局条件当中，水资源是最主要的限制条件，而克服这种限制条件，又不是一个企业短期内所能做到的。那么，那些耗水较高的企业，就很难在此布局。我国西北干旱地区，在布局大型耗水工业时，就必须认真考虑这一因素。

二、区域经济发展的地域合理规模

（一）地域合理规模的组成

具有节约效益的企业在地域上的相互协作，又可以带来更大的规模效益，这种能够带来大规模节约效益的企业在某个地方集聚规模，我们称之为地域合理规模。

产业布局的地域合理规模，是以企业的合理规模为基础的。企业生产装置和设备的最佳组合，会使生产能力和产量大幅度增加，产品成本下降，从而带来大规模的节约效益。企业的规模效益，一般分为两类。

第一，单项设备的经济合理规模效益。任何企业都有其关键设备，关键设备能否达到合理规模，对企业的合理规模影响很大。通常以企业工人人数、固定资产价值和产品产量三项指标来衡量企业的规模。有些工业部门的企业，还处在规模出效益的阶段。

第二，联合企业的合理规模效益。工业生产中的联合化就是把彼此有联系的各种不同工业部门的生产联合在一个企业里进行，构成一个统一的生产整体。联合工厂一般具有下列特征：工艺的同一性（由于工艺过程的一致而联合）、空间的统一性（有共同的厂址）和技术与组织领导的统一性。

工业企业的联合化对于天然资源和原材料、燃料的全面综合利用有着特别重大的意义。联合化生产的巨大优越性给工业布局带来强烈的影响。

首先，工业生产的联合化意味着资源的综合利用和企业的多种经营，因此，它是地区工业生产综合发展的主要前提之一。联合化的发展必将促使地区工业生产综合体的形成。其次，工业生产的联合化会使企业本身具备多种门类工业的综合性质，必然引起城市工业区企业配置的变化，改变过去专门化工业区的严格分工，从而出现较多的以联合企业为中心的综合性工业区。再次，由于工业的联合化，缩短了企业间的运输距离，使相互有关的工业生产过程相互衔接，节约了运费。最后，由于联合化企业可以更好地实现对资源的综合利用，随着技术的进步，生产力水平的提高，有可能逐步摆脱对天然资源的依赖性，从长远来看，即使在天然资源比较贫乏的地区，也可能建立起原料基地，发展新的工业部门，从而为工业的远景配置创造了广阔的天地。

地域合理规模体现在两个层面：一是地域内每个企业的合理规模，二是地域内整体产业布局的合理规模；后者以前者为基础。单个企业的合理规模表现出适当聚集的态势，但并不是越大越好。同时，在市场全球化的今天，由于通信的便利和市场指向的加强，跨国公司可以把生产的各个环节布局在不同的地域，各个分厂分工协作，生产不同的零配件，同样的产品可以在不同的市场地域附近生产。一家公司，其管理和研发总部、生产工厂、销售部等都可以布局在不同的地方，并且这种情况越来越普遍。至于地域内整体产业布局的合理规模，主要表现为某一产业的合理规模和第一、第二、第三产业的结构和规模是否合理。一个地区的原材料和能源的供给，资金和劳动力的供给、基础设施的承受能力、环境的排污能力、管理水平等在特定时期都是有一定限度的，在这个限度内聚集，就能产生节约，实现规模效益。但是，集聚效益服从边际效益递减规律，集聚超过一定界限，程度越强，其效益越低。

（二）地域合理规模的类别

从产业集聚的方式上讲，地域合理规模可以分为以下三种类别。

第一，由于在生产过程中的相互联系，一些企业共同布局在某一个地域，形成地域产业集聚。对任何一家企业来说，都有产前联系产业、产后联系产业和旁侧联系产业。它的生产过程要消耗其他企业生产的产品，同时又有另外的企业消耗它的产品，更有一些企业与之有着这样或那样生产过程或产品消耗的联系。这些企业聚集在同一地域，可以减少原料和产品的运输，增强生产过程的联系，取得好的经济效益。

第二，为了共同使用基础设施，一些企业共同布局在某一个地域，形成地域产业的集聚。基础设施一般分为三部分：一是生产性基础设施，即指为产业生产服务的诸如交通运输、邮电通信、能源供给、物资供应及金融等基础设施；二是生活性基础设施，即指为生活服务的诸如商业、服务业、公用事业、住宅及公共设施等基础设施；三是社会性基础设施，即指为社会大众服务的诸如教育、科研、卫生、环保、治安等基础设施。如果许多企业共同使用这些较为齐全的基础设施，企业本身可以省掉许多非生产性投资，增加企业的投资效益。

第三，为了管理上的方便，一些企业共同布局在某一个地域，形成地域产业的集聚。今天的管理，其含义已经大为扩展了。除了传统意义上的管理内容外，信息的传递、科技的普及、企业间的协调等，都已经成为企业发展中必不可少的条件。一些企业集聚在一个地域，可以加快信息传递，减少管理成本，增加企业效益。

（三）地域合理规模的评价标准

上述地域合理规模的类型，可能单独出现，也可能复合出现。集聚的合理规模，应依照不同地区的不同情况分别加以分析。其中，要根据企业本身的特点，看其布局是集聚有利还是分散有利，同时，还要根据地区的具体条件和环境容量，来限定集聚的规模。环境容量大、资源集中、运输条件好、抗污染能力强的地方，产业集聚的规模可以大些，反之亦然。具体来讲，产业布局地域合理规模的评价标准为：

第一，构成该产业的单个企业的经济效益是否最好。市场经济条件下，每一个企业都是独立的经济人，追逐利润是其天生的本性。一个企业之所以与同类企业布局在这里而不是别的地方，就要看它在这里是否能获取最大的利润。

第二，地区产业结构是否最优。区域产业结构是全国经济空间布局在特定区域的组合的结果，产业结构包括主导产业、辅助产业和基础产业的功能结构，还包括第一产业、第二产业、第三产业之间的产值结构。产业结构的优劣决定该地区经济发展的速度。知识经济条件下，一方面，第三产业空前发展；另一方面，高新技术产业通常为主导产业。

第三，社会效益是否最大。从社会效益方面评价产业布局的优劣，主要是指产业布局对地区发展所作的贡献。产业布局在特定地区，对于该产业来说，经济效益并不是唯一的，而能为该地区提供税收、安置就业、提高该地区的人均国民收入等也都很重要。有的企业布局在特定地区，会产生很大的环境污染，那么，虽然它能产生很大的经济效益，也不能考虑。

总之，实现产业布局的地域合理规模，既是企业的自主选择，也是政府部门的规划决策。在市场经济条件下，这主要通过区域产业政策来调整。

第二节 区域经济发展的产业集群

集群的概念来源于生态学，原意是指共生关系，生活在同一栖息所的不同族群。集群被引入经济发展特别是区域经济发展领域中，则是用来定义在某一特定领域中，大量产业联系密切的企业以及相关支撑结构在空间上的集聚，从而形成强劲、持续竞争优势的现象。哈佛大学商学院教授迈克尔·波特于1990年在《国家竞争优势》一书中正式提出了产业集群的概念。

一、产业集群的相关理论

（一）产业集群的发展

18世纪末产业革命后，集群的趋势开始出现。此后的一两个世纪里这一趋势更加明显。这一时期，交通和通信技术成为限制产业地理分布的主要因素，自然资源或者市场位置成为束缚生产活动选址和产业活动向特定区位集聚的主要原因。这一时期的典型代表有美国东北部的芝加哥、匹兹堡和波士顿，英国的英格兰和苏格兰南部区域，德国莱茵河沿岸和鲁尔区等。

20世纪后期集群的方式和动力机制与工业革命时期相比有了非常大的不同，并成为当代工业经济生活中非常重要的现象之一。在生产、贸易、投资越来越自由的全球流动环境中，集群以一种特定地理边界的本地化经济组织形式参与世界经济，并表现出了巨大的活力。近几十年来，交通与通信技术以前所未有的速度发展，使以往许多具有限制生产活动区位选择的本地化生产要素丧失了固有的垄断性，国际金融市场自由化降低了资本流通的障碍，标准化生产减少了对工人特殊技能的依赖，在这样的背景之下，企业的生产过程被分割成不同的阶段，生产企业依据各个阶段对生产要素的不同要求以及投资效益最大化的原则，寻求不同的生产区位，并在自己生产、对外转包等不同组织形式间进行抉择。

同时，一些产业或部门在参与全球范围内组织和配置资源的过程中，选择了某些特定的地域来集聚和发展，从而形成了一些新的产业区或产业集群。在这些新产业区内，产业内部的专业化程度比较高，区内专业化企业之间的协作程度和企业的生产效率不断提高，进而使整个区域的创新能力不断加强，并取得了较强的竞争优势。这种区域不是封闭的而是对外开放的，这类集群的形成既有本地社区的历史根源，又取决于本地企业之间的既竞争又合作的互动关系。高效的本地企业网络、快速的信息扩散和专业技术的传输，都使得这些区域的经济发展取得了成功。区内企业通过运营本地网络，融合外部信息，逐渐增加了本区域原有的特殊资源；同时，区内企业之间的信息和知识交流，在地理区位接近的情况下得到增加，社区的创新文化将各种创新机会变成了现实，从而使这一区域表现出非凡的经济活力与创新活动，典型的如意大利的东北部和中部地区（"第三意大利"），德国的南部地区，美国的硅谷和128公路地区，英国的剑桥工业园地区，印度的班加罗尔地区，法国的安蒂普利斯地区，等等。

（二）产业集群理论的形成

产业集群理论的形成和发展，最早是马歇尔从合作的角度来论述它并首次提出"产业空间聚集"问题开始的。马歇尔在1920年《经济学原理》一书中首次描述和分析了大量专业化中小企业的地域集中和发展的情况，并形成产业区理论。他指出，大量具有专业化特征的中小企业聚集在一定的区域内，它们之间的合作是柔性的、动态的，新思想、新信息、新技术在区域内的各企业之间快速流动和传播，这些新知识和信息流动的渠道，主要依赖于本地拥有共同社会文化背景的当地居民之间的非正式交流活动。马歇尔强调，区域内企业在分工与交易过程中、在相互信任的基础上实现外部规模经济，进而增强企业的竞争力。

之后的产业集聚理论不断完善，并且出现了三次产业集聚研究的高潮：20世纪30年代，胡佛首次将聚集经济分解为内部规模经济、区域化经济和城市化经济，对产业集聚现象的研究进一步深化，形成了产业集聚理论研究的第一次高潮。20世纪70~80年代，宏观经济理论探讨了生产的空间组织的变化，突出的是与"福特主义的危机"相联系。对产业集聚现象的研究主要集中在灵活的"产业区"或新的"产业空间"，这是产业集聚研究的第二次高潮。20 世纪 90 年代以来，一些学者从新熊彼特主义的观点出发，将创新、技术变化与经济增长和贸易的分析结合起来，研究产业集聚的创新体系。美国经济学家保罗·克鲁格曼应用不完全竞争经济学、递增收益、路径依赖和累积因果关系等，解释产业的空间集聚。美国经济学家迈克尔·波特从战略管理和竞争的角度描述和分析了集群，提出了关于地区竞争力的著名的"钻石"模型，他特别强调产业集群对一定地区产业国际竞争力的作用。这标志着产业集聚理论研究的第三次高潮的出现，比较有影响力的产业集群理论有：

1. 外部经济理论

外部经济理论是马歇尔从古典经济学的角度首先提出的，解释了基于外部经济的企业在同一区位集中的现象。他发现了外部经济与产业集群的密切关系，认为产业集群是外部性导致的。产业集群有利于集群内的企业享受更多的外部经济，包括外部规模经济与外部范围经济。马歇尔把这种产业聚集区称为"产业区"。克鲁格曼发展了马歇尔的外部经济理论，提出了"规模报酬递增"模型，实证考察了报酬递增对制造业地理集聚的作用机理，提出制造业支出占总支出的份额、产品之间的替代弹性、运输成本三个参数是决定制造业企业地理集聚的关键性因素。

2. 交易费用理论

科斯于 1937 年在《企业的性质》一文中提出了交易费用的概念。他认为，由于产业集群内企业众多，可以增加交易频率，降低区位成本，使交易的空间范围和交易对象相对稳定，因此有助于减少环境的不确定性，从而减少企业的交易费用。

3. 竞争理论

波特于 1998 年出版了《产业集群与新竞争经济学》一书，从竞争优势的角度系统地提出了产业集群理论。他认为有三个原因可以解释产业集群竞争优势的形成：产业集群能够提高集群内企业的生产率；产业集群能够提高集群内企业的持续创新能力；产业集群能够降低企业进入的风险，促进企业的产生与发展。随着波特产业集群理论的形成，产业集群理论也形成了一套比较完整的体系，但是在产业集群的定义和分类等问题上仍存在多种说法。

二、产业集群的内涵和分类

（一）产业集群的概念

产业集群内涵十分丰富，许多学者曾试图给它下一个比较完整并且规范的定义。但由于研究背景与目的不同，不同的学者得出了不同的定义，其中主要有以下几位。

亚当·斯密：从分工的角度认为，产业集群是由一群具有分工性质的中小企业以完成某种产品的生产联合为目的而结成的群体。

阿尔弗雷德·韦伯：在企业集群的定义中引入集聚因素，强调集群是企业的一种空间组织形式，是在某一地域范围内相互联系的集聚体。

奥利弗·威廉姆森：从生产组织形式的角度认为，企业集群是基于专业化分工和协作的众多中小企业集合起来的组织，是介于纯市场组织和层级组织之间的中间性组织，它比市场稳定，比层级组织灵活。

迈克尔·波特：以其竞争优势理论为基础，认为产业集群是某一特定产业的中小企业和机构大量聚集于一定的地域范围内而形成的稳定的、具有持续竞争优势的集合体。

综合上述观点，我们可以给出一个较为规范的产业集群定义：在产业发展过程中，特定领域内联系密切的企业和相关支撑机构在一定地域内的集中所构成的产业群。这些产业群通过地理集中和产业组织优化，通过群体效应获得经济要素的竞争优势。

值得注意的是，在产业集群的研究中，应该注意"集群"和"集群化"这两个概念。集群是企业通过互相作用逐步聚合以提高其竞争力的经济现象；而集群化是企业间建立联系和集群外部条件的过程，通过集群化，企业在彼此互动的作用下获得竞争优势。对于这两个概念，分别有两组政策与之相对应。集群通过稳定的宏观经济环境、合理的基础设施获得支持，而集群化则是通过政策直接（低成本）的干预来设计和促进集群形成并推动企业间的彼此联系。

(二) 产业集群的特征

经济在全球化进程中出现了显著的区域化特征，而作为区域经济的重要形态——产业集群，在其中的作用和角色尤为引人注目。产业集群具有明显的产业特性、地域特性与网络特性，即产业集群首先是某产业的企业，其次是该产业的企业落户在某地，最后是落户在该地的某产业的企业与其他单位构成了一个网络组织。因此，产业集群实际上是某产业以网络形式而落户于某地，形成了产业与区域的有机结合。其中，产业是区域的经济增长极，区域是产业的栖息地，正是产业集群的网络化把大小不等的各厂商和各类机构联成一个有效的网络。面对市场的首先是产业集群本身，其次才是具体企业。由于产业集群整体规模很大，集群内人才丰富、信息多、资源共享，因而市场势力很强，从而促进了区域经济的发展。

同时，产业集群是一定地域环境的产物，其特征从根本上反映着所处地段所具有的特定的自然、文化、社会、经济等诸多的地域环境因素。从社会文化特征角度看，集群内有共同的文化背景、制度环境以及不可替代的社会资本。从产业联系角度看，集群具有同质性和关联性，集群内的企业通常从事相同、相似和互补性的经济活动。从演化特征角度看，集群呈现从低级到高级和从简单到复杂的动态化和可塑性过程。从生产经营方式角度看，集群具有专业化的特征，它通过纵向专业化分工和横向经济协作进行弹性化和专门化的生产和经营活动。从地域分布角度看，集群内各企业地缘接近，但彼此独立。从内部关系角度看，集群内企业间出现系统和有序的内部关系，集群具有跨专业和跨产业的双重特点。从组织结构角度看，集群具有网络化的组织结构，包括贸易网络和非贸易网络。从产业发展角度看，产业集群有以下共同的特点：一是特色产业具有当地社会、文化、历史的烙印；二是企业间、企业与各种机构间、企业与政府间具有共生效益；三是产业要素的共享；四是产业链的互补；五是产业内知识创新速度快；六是有良好的公共基础设施环境。

（三）产业集群的分类

我们可以从不同的角度划分出不同的产业集群的种类。

第一，法国经济学家麦拉克·马库森将产业集群分为四种类型：马歇尔式产业区，其中，意大利式产业区为其变体形式；轮轴式产业区，其地域结构围绕一种或几种工业的一个或多个主要企业；卫星平台式产业区，主要由跨国公司的分支工厂组成；国家力量依赖型产业区。

第二，以市场导向和协作方为基础来分类，可将产业集群分为四类：手工艺或传统工业产业群；组装的生产网络；高技术综合体（或园区）；基于大企业的工业中心。

第三，1998 年，联合国贸发组织秘书处根据网络化中的每个企业的技术水平、市场的扩展和企业之间的合作程度，将产业集群分为五种类型：非正式的合作网络；有组织的合作；创新型集群；科技园区；出口加工区。

国内关于产业集群的分类研究大约始于 20 世纪 90 年代末。产业集群的分类则显示了明显的地域特征，主要集中于经济发达地区。基于产业关联度、区位优势等，产业集群可分为以下几类：纵向集群，即由产业的纵向关联而形成的产业集群；横向集群，即由产业的横向关联而形成的产业集群；区位指向集群，即由区位优势指向形成的产业集群。

三、产业集群的形成

产业集群的形成是经济要素在空间聚集与扩散作用的规律下，各经营主体充分追求其最大利润的体现。其作用机制就是空间聚集为经营单位所提供的外部经济性吸引企业聚集在特定地区。

（一）产业集群的形成条件

产业集群的产生需要具备一定的经济和社会历史条件。

第一，集群产生的供给条件。其中主要有：集群产品存在技术可分性；集群产品的运输成本低；集群产品存在丰富的产品差异化机会；企业竞争环境的动态多变与速度的经济性；技术创新的网络性与知识的互通性。

第二，集群产生的需求条件。其中主要有：集群产品的消费行为易变性；营销信息沟通的传播性；集群中企业可获取多方面的需求利益；本地市场的支持与挑剔顾客的存在。

第三，集群产生的社会文化和历史条件。丰富的社会资本与文化资本使集群内部的经济关系具有很强的社会嵌入性。运行良好的集群往往存在共同的文化传统、行为规则和价值观。这种社会文化环境氛围促使集群内部形成一种相互依赖关系，大大减少了交易费用，使企业家之间的协调与沟通容易进行，企业之间的深度劳动分工得以执行。

（二）产业集群的形成途径

产业集群主要通过以下几种途径形成：

第一，关键性企业的衍生。产业链的形成一般都有一个关键性企业，通过该关键性企业的衍生、裂变、创新与被模仿而逐步形成产业集群。

第二，中小企业的集中。由于某种共同的低成本和某种特定的地域条件，使得某种类型的中小企业集中分布在特定的地域范围内，从而形成了具有共生性的中小企业群体。

第三，政府引导。产业集群在形成之初基本上都是企业在市场力量的驱动下自发形成的，一旦产业集群的雏形出现后，地方政府往往都会积极参与，通过相应的产业政策扶持，对本地产业集群的跃升起着重要的助推作用。

第四，城镇化的推动。除了一些大的专业性开发园区演变为产业集群外，我国大部分地区的产业集群都是在农村与小城镇开始兴起的，这缘于城市化快速推进的结果。

（三）产业集群形成的动力机制

1. 社会动力机制

在产业集聚区中，凝聚着大量的经济活动要素。各个市场主体形成相互依赖的经济网络关系，它们在市场这只看不见的手的引导下，采取利润最大化的经济行为，而这不可避免地会造成市场失灵，从而阻碍集聚的形成和发展，抑制集聚功能的发挥。例如，产业集聚带来外部的不经济和地区经济发展的不平衡。

20世纪的增长极理论积极倡导政府对产业集聚的干预，认为政府可以通过投资培育主导产业，带动产业的集聚，从而促进区域经济的增长。在产业集聚中，政府和市场应构建一种适当的平衡关系，将政府的职能定位于产业集聚的市场失灵领域，在遵循产业集聚规律的前提下，按照市场经济的发展状况来确定政府干预的程度，做到政府职能的到位，提高地方政府行为的有效性，并注重政府权力的约束。

2. 创新机制

创新是产业集群的重要优势。由于集群成员间通过协调性的集群学习形成知识共享效应，以及良性竞争机制下成员间相互"挤压效应"的存在，一种有利于提高集群整体竞争力的技术创新平台便伴随集群的成长而不断巩固。

第一，由于对客户和其他相关实体进行近距离观察和面对面的沟通，集群中的企业拥有认识创新机会的良好"窗口"；第二，集群企业可以较为便利地吸收供应商和其他伙伴参与创新过程，从而获得快速创新所需要的资源；第三，集群中的企业可以比较方便地和其他组织相协调，进行低成本的创新试验；第四，集群中的竞争压力能够推动企业不断创新。

3. 市场机制

公平的市场竞争是很多机制的前提。但是，实际的情形往往都不是最理想的。当交易费用很大时，市场被分割成规模有限的条块，由于空间距离所决定的不完全竞争性和就地供应市场的要求决定了厂商的数量有限，而有限的市场也抑制了专业化分工和产品细分，使市场外部性难以体现，整个经济空间为众多分布于不同区域的厂商和分散的规模有限的市场覆盖。当交易费用逐渐下降，分立的小规模市场趋于融合，厂商和劳动力在更大规模的市场区域中形成集聚。市场的扩大和厂商的集聚，导致各加工环节及前期供料、后期销售等以专业化分工体系的形式出现。专业化分工与交易费用下降进一步推动市场的扩张，市场外部性逐渐提升。进一步的市场扩张支持更多的厂商以更低的成本进行规模生产和开发细分产品，产业链不断分解、拉长，产品越做越精，市场的外部性显著提升，使得区域对更多的厂商形成吸引，从而形成"市场扩张→生产专业化/产品细分→外部经济加强→厂商集聚→市场扩张"的循环积累效应，最终导致较大规模的产业集群的形成。

4. 成本机制

首先，企业的集聚会带来交易费用的节约，直接降低了企业的运行成本。其次，竞争对手的存在会迫使企业不断降低成本，改进产品和服务，获得比较成本优势。最后，竞争对手的集聚将通过专业化分工获得外部规模经济，区域内企业的外部性增强，成本下降；聚集企业的成本下降将刺激更多的企业在本地出现，而更多企业的集聚将进一步增强区域经济的外部性，使企业成本进一步降低，从而形成"企业集聚→专业化分工→区域经济外部性增强→企业成本降低→企业集聚"的循环积累效应，较大规模的产业集群形成。

第三节　产业集群与产业集聚区

从大尺度的地域上看，产业集聚是区域经济发展的必然趋势。通过产业集聚，可形成产业集聚区，提高区域经济的综合竞争力。

一、产业集聚和产业集聚区的概念

(一) 产业集群区域化

产业集群区域化特性的来源大致是：处于同一产业的若干企业在一个共同的市场上发生竞争，这种竞争不仅吸引本行业的企业，同时也吸引了处于下游的生产要素供应者在竞争地的外围落脚，共同满足客户的需求。这样，这一区域就形成了围绕这个产业的独特竞争环境，产业内的信息交流增加，对竞争对手的了解趋于深化，互动创新的过程得到强化。这种率先发生在本地的竞争是区域内企业获得竞争优势的最好途径。客户、竞争者和供应商都具有地理集中性，它们的效率和专业化也在集中过程中得以提升。一个产业在地理上初步发生集中后，创新与进步的影响得到加强，并吸引邻近的竞争者加入这一区域。供应商在与客户沟通与合作时，出于地利之便也愿意在这一区域落脚。

对产业而言，地理集中性就像一个磁场，将高级人才和其他关键要素吸引进来。离开原企业的新创业者，由于其人际关系或社会关系大多存在于原企业附近，因此他们优先考虑的企业地点大多是在这个区域之内。这些都使得集群会以一种地理集中的区域化的形式扩张开来。当然，随着集群内产业和企业的发展、繁荣或衰退，集群的区域边界也会不断发生变化，但集群的地理集中性是一直存在的。

（二）区域经济的集聚化

区域经济的集聚化指的是一个区域的经济，如果持续保持活力并发展出自己的竞争优势，这一区域内的企业与产业将会形成一个集聚区，区域经济将凭借集群的创新与学习过程得到更加快速的发展，并持续地存在下去。地缘因素会增加信息的交流，强化人员活动的集中性。这一方面加快了区域内的产业内部信息流通的速度和扩散速度；另一方面也形成了特殊的面对面的交流模式，无形中减缓了产业内部信息外流的速度。企业之间的距离越近，就越容易了解竞争对手的动向，有利于企业快速作出反应，并通过一系列的创新活动提高自身的竞争力。

"区内的市场竞争"和"产业在区域内的集中"是激发区域内创新与学习活动的源头。企业在区内的市场竞争将推动区域内生产要素、供应商、企业、相关支撑产业的创新与进步，从而带动区域的整体升级。产业和企业的地理集中性将使产业和企业集中的速度加快，互动活动更加频繁和活跃。当区域创新环境形成，创新与学习活动在区域内广泛开展后，区域经济体系也就发展成区域产业集群。区域经济的活力与竞争优势，将不断从集群内的创新与学习活动中获得。

（三）产业集聚区的形成

产业发展呈现区域集聚的态势，是当今世界经济发展的亮点。它不仅成为区域经济发展的主导，而且也成为提高一国产业国际竞争力的新力量。从世界范围看，区域经济的集聚化已是一个非常普遍的现象，国际上有竞争力的产业大多是集群模式，如电子信息、航空航天、现代装备制造、家用电器、汽车、轻纺工业产业等。随着经济全球化的加快，产业集群化发展已成为全球性的经济发展潮流，产业集群构成了当今世界经济的基本空间构架。

因此，我们将在一定区域内聚集众多具有分工合作关系、不同规模等级的企业，结合与其发展有关的各种机构、组织等行为主体，通过纵横交错的网络关系紧密联系在一起，能够使企业获得十分重要的外部性收益。

二、产业集聚区的发展

（一）产业呈现融合化发展

产业发展融合即产业链条的科学延伸。对于产业园区内企业来说，是否具有很强的根植性，关键取决于区内企业之间是否形成了与核心产业上下游配套的分工协作关系，即是否围绕园区的主导产业形成了相对完整的产业链条。园区的产业链条越长、越完整，抵御市场风险的能力就越强，园区的规模效益和集聚效应就越能得到充分的发挥，因此，产业园区的发展方向始终是产业链纵向与横向的拓展。一方面，以信息技术为代表的高新科技迅速发展，加快了产业结构优化升级，促进了三、二、一产业之间相互渗透，趋于融合。用信息技术和信息产业的发展充实物质生产部门的基础，并在商业中加以运用，正成为推动世界经济发展的一大趋势。在信息时代，传统产业和新兴产业呈现自身的不同特征。产业融合是信息化进程中呈现的一种产业新范式。伴随着新科技革命发展的快速步伐和企业跨行业、跨地区的兼并重组活动，产业的边界逐步趋于模糊化，全新的融合型产业体系形成。另一方面，跨国公司根据经济整体利益最大化的原则参与国际市场竞争，在国际一体化经营中使产业划分转化为产业融合，正在将传统上认为的"国家生产"产品变为"公司生产"产品。可以说，跨国公司是推动产业融合发展的主要载体。

总体说来，产业融合方式分为四种：高新技术的渗透融合、信息技术产业化以及对传统工业的改造、产业间的延伸融合、产业内部的重组融合。由于产业间的关联性和对效益最大化的追求是产业融合发展的内在动力，因此产业融合将是未来社会生产力进步和产业结构高度化的必然趋势。

（二）经济规模持续扩大

产业集聚区作为一种为创造竞争优势而形成的产业空间组织形式，它具有的群体竞争优势和集聚发展的规模效益，是其他空间组织形式无法比拟的。随着我国土地资源和环境约束的增强，要求工业必须向产业集聚区集中，我国产业集聚区将走上快速而健康的发展轨道。

（三）园区区域品牌化发展

一个地区某种产业的进一步发展，必然会推动一个具有一定品牌优势和统治实力的产业集群的形成。这种集群的存在，一定会对此品牌产品的利润分成有一定的高要求。例如，美国、意大利、日本、德国等发达国家的产业园区品牌效益非常突出，如美国西雅图的飞机等。同时，国内的一些产业园区也形成了一定的品牌效应。如广东潮州陶瓷产业园区的陶瓷在"中国瓷都"品牌效应的带动下，销售增长速度连续 3 年保持在 30% 以上。树立区域品牌将成为产业集聚区大力发展的重要手段，也是产业集聚区未来的发展方向之一。

（四）产业呈现生态化发展

产业的发展越来越注重生态化、环保化。产业园区的发展，纷纷以建立生态化、循环经济产业园区为目标的发展方向。自然资源具有稀缺性和不可再生性，产业经济的发展不能以耗竭自然资源和损害环境为代价，而应谋求与自然环境有机平衡的发展。产业绿色化要求在维护生态平衡的基础上合理开发自然，把人的生产方式、消费方式限制在生态系统所能承受的范围内，建立以人与自然和谐发展为特征的产业发展模式。产业生态化是在自然系统承载能力内，对特定地域空间内产业系统、自然系统与社会系统之间进行耦合优化，达到充分利用资源，消除环境破坏，协调自然、社会与经济的持续发展。

产业生态化是一个渐进过程，是产业的反生态性特征日趋削弱、生态性特征逐渐加强的过程。在这一过程中，人们为产业系统创造一个新的范式，将人造系统纳入自然生态系统的运行模式中，逐步实现由线性（开放）系统向循环（封闭）系统转变。世界范围内的生态革命，促成了生态与产业成为一种新型的互动关系。这种关系一方面表现为产业绿色化含量不断提高，另一方面形成了广泛的生态产业化现象。以生态产品的生产、使用、回收再利用为基本内容的新兴生态产业不断发展，使生态环境和产业领域产生了全方位的渗透与融合，产业生态化现象日渐明显。生态与产业的互动，最终形成生态产业一体化和复合化，传统的三次产业正在向生态化方向发展。生态化是人类构筑经济社会与自然界和谐发展、实现良性循环的新型产业模式，是产业发展的高级形态。

（五）产业集聚区经营的全球化

经营全球化是产业集聚区规模发展到一定程度的必然结果，同时也是产业集聚区不断发展的重要途径。产业集聚区所拥有的外部范围经济和规模经济效益，有利于吸引国内外各种生产要素的流入，从而进行全球范围内的资源配置。同时，随着我国经济不断融入全球经济之中，作为区域产业发展主要载体的产业集聚区也必然成为国际产业链中的一部分。

（六）我国产业集聚区的发展阶段

我国产业集聚区的发展历程，可以分为三个阶段：

1988—1991 年是第一阶段，为形成阶段。从全国范围来看，1988—1991年是产业集聚区发展的启动时期。在这一时期，整体发展条件较差，几乎是白手起家，发展基础薄弱，已有的产业基础也借不上力。开发投入不足，建设资金缺口很大。

1992—2000 年是第二阶段，为成长阶段。这是产业集聚区高速发展的黄金时期。这一时期，经济开发区在思想观念上的发展得到了转变。借助这一发展机遇，全国的产业集聚区开始蓬勃发展，实现了质的飞跃。在此期间，产业集聚区的数量不断扩张，类型不断丰富，利用外资数量和水平也大幅提高，形成了经济技术开发区、高新技术产业开发区、出口加工区和各个产业园区等多种形式的产业集聚区共同繁荣发展的格局。

21 世纪以来是第三阶段，为成熟阶段。进入 21 世纪以来，我国经济进入了一个全新的快速增长的阶段，促进了产业集聚区的发展，产业聚集区逐渐进入稳定成熟的阶段。

当前，我国的产业集聚区数量众多，各地为了促进经济和社会的发展，纷纷通过建立产业集聚区来招商引资，促进工业发展。由此，我国形成了一批层次不一、数量众多的产业集聚区。

第四节　区域经济的新产业区布局

新产业区是产业布局的一种新的形式，往往是一些具有较强创新性的小企业形成的空间聚集。这类小企业多是新出现的 IT 产业或规模小、易于分散的新兴行业，它们是现代产业全球化和生产网络化的新兴事物，在空间上容易呈集聚状分布。因此，有很多人将这种产业聚集类型称为新产业区。不言而喻，新产业区往往是高新技术产业集中的地方，同时也是技术创新的前沿地带。

一、技术要素与其区域流动

新产业区形成的主要因素是技术要素。区域间的技术流动，也称为技术转移，是指某一区域的技术持有者将技术的使用权转让给另一区域的使用者的过程，这样也就使得新产业区逐步扩散。

（一）技术要素流动的原因与形式

1. 技术要素流动的原因

技术是在商品生产过程中积累起来的知识和技巧。技术进步或技术创新意味着以较低的生产成本生产出新的产品或提供新的服务。通过技术改进，可以缩短生产时间、提高现存的劳动量和资本量的生产率。技术进步的形成过程一般要经历三个阶段：发明阶段、创新阶段和扩散阶段。随着企业之间竞争的加剧，许多企业都会在更大的市场领域中将其生产技术进行推广，技术的扩散将有助于它们提升产品和服务的质量，最终在同行中赢得竞争的优势地位。

技术要素扩散的原因可以通过产品的生命周期理论予以解释。产品的发展可分为三个阶段：新产品阶段、成熟产品阶段和标准化产品阶段。在新产品阶段，需要较高的科学技术水平、良好的通信条件以及较高的消费水平，因此，这一阶段一般出现在经济发达国家或地区。在成熟产品阶段，产品的设计和生产已经实现部分标准化，已有的技术可以从事长期的生产，这时企业给予更多关注的是生产成本，会在出口和投资他国生产之间进行权衡。当出口商品的边际生产成本加上运输成本大于在当地直接生产的平均成本时，企业便会选择直接投资。由于在该阶段产品的市场主要在发达国家和地区，因此企业直接投资的对象仍会以发达国家和地区为主。在标准化产品阶段，产品完全定型，生产技术完全标准化，生产区位的选择便以生产成本最低点为准则。此时，企业会把生产和装配业务转移到劳动力成本很低的发展中国家和地区，并在这些国家或地区安排专业化生产。通过这种产品生产区位的转移，技术便从发达国家和地区扩散到了发展中国家和地区。

2. 技术要素流动的形式

技术的空间扩散一般有三种形式：近邻扩散、等级扩散和位移扩散。

第一，近邻扩散。近邻扩散又称接触扩散，是指以创新源地为中心向周围地区扩散。这种扩散过程遵循"距离衰减规律"，即随着与扩散源之间距离的增加，扩散强度会依次递减。

第二，等级扩散。等级扩散是指以创新源地为起点，依照一定的等级顺序扩散。比如，一些新思想和新技术往往由最大城市或最发达的经济地域跨越乡镇、小城市扩散到较远距离的规模相当或仅次于扩散源的大城市或大的经济地域，接着再扩散到更小一级的城市或地域。这种扩散形式在空间上不连续，但遵循一定的规则。等级扩散的产生主要是因为许多事物的扩散往往需要相对类似的空间。

第三，位移扩散。位移扩散是指扩散随时间产生非均衡的位移。在这种扩散中，新技术往往是通过传播者自身的移动，将新技术带到新的地方。

在现实中，技术扩散采取何种形式，受许多因素的影响，如区域发展状况、技术创新的类别、扩散目的地的范围大小，等等。一般来说，发展水平较低的地区主要采取建立在人际联系基础上的近邻扩散形式；企业创新在产业领域的扩散，更多地依循中心地等级体系采取等级扩散的形式，但其中新消费品和农业部门的企业创新，则采取更为实用的近邻扩散的形式。一般而言，微观层面主体的技术扩散主要采取建立在个人联系基础上的近邻扩散形式，而中观层面和宏观层面主体的技术扩散则主要采取等级式扩散的形式。位移扩散更多的是市场行为，由市场逐利性将技术扩散引向效益最好的地区。

（二）技术要素流动对新产业区的影响

技术要素流动对于技术输出地和接收地来说，都具有积极的意义。对于接收地来说，技术要素流动是缩小区际技术和经济差距的重要契机。一般而言，技术创新总是先发生于技术基础较好的经济发达的地区，并且逐步向技术基础较差的经济落后地区转移。因此，落后区域可以通过引进现有的先进技术，减少研发成本，加快产业结构调整和技术进步步伐，从而加快区域经济发展速度，增强区域经济实力。第二次世界大战后的日本以及韩国、新加坡等新兴工业化国家能够在短时间内实现经济的迅速崛起，很大程度上就是得益于从美国等发达国家引进先进的生产技术。对于输出地而言，技术要素流动可以加快研发经费的回收速度，延长技术生命周期和扩大技术效用。通过技术转让特别是技术贸易，技术所有者可以获得一定的技术转让费用，同时，将本区域已经成熟的技术转让到较为落后的国家和地区，可以更大地发挥这些技术的效用。

梯度技术扩散主张让一些经济基础较好的发达地区掌握先进技术，建立新产业区，然后再将技术按梯度依次扩散到其他地区；而跳跃技术扩散则认为，低梯度区并不需要等待高梯度区传递技术和信息，而是应该直接采用和引进新技术，也就是说，技术的扩散不一定要按梯度等级顺序进行，而是可以跨越先进地区直接到次发达地区和不发达地区。在现实中，要依照区域经济发展的实际情况采取合适的技术扩散理论。对于落后地区而言，当条件还不完善时，如果一味追求中间技术的跨越，可能会对区域经济的发展起到反作用。

二、新产业区含义与建立条件

（一）新产业区的含义

国际学者在研究新产业区的过程中，对新产业区含义的理解不同，在新产业区的概念、类型划分、形成与发展的作用机制等方面仍然存在着许多争论，甚至至今尚无统一认识，在此我们列出国外学者的一些观点。

1. 弹性专精区域

美国经济学家皮埃尔和塞伯将新产业区看作是弹性专精的区域。他们强调新产业区的共同特征在于：专业化小企业之间广而精细的合作；手工业技术与现代微处理技术的混合使用；公共和私立部门提供广泛的商业服务；强有力的非正式或制度化的结构调节企业间的合作与竞争；与区内外的大企业有着长期的合作关系。

2. 地域网络

美国经济学家詹姆斯·斯科特将新产业区定义为基于合理劳动分工的生产商在地域上结成的网络（生产商和客户、供应商以及竞争对手等的合作与链接），这些网络与本地的劳动力市场密切联系。

3. 地域系统

派克和圣根伯格认为，新产业区是指有地理边界的生产系统，大量的企业在不同阶段以不同的生产方式生产同一种产品，实现专业化分工。格罗佛里认为新产业区本质上是一个中小企业群组成的地域系统，更准确地讲，是一个地理上有界的中小企业群组成的地域系统。

4. 社会经济综合体系

综合国外已有的研究成果，新产业区可定义为："基于合理劳动地域分工基础上结成的网络，这些网络与本地劳动力市场密切联系，可以实行专业化分工。"从这个定义出发，新产业区是产业地域集中的新形式，除了一般的集聚意义外，特别强调专业化和小企业群，强调企业之间的合作与竞争，以及制度建设。所以，新产业区也可以称为"社会经济综合体"。

（二）新产业区建立的条件

影响新产业区建立的因素很多，它受到该地区自然、社会、经济等诸多条件的限制，需要该地区的经济发展环境具备一定的条件。

第一，政府的优惠政策。法律、金融、工商等服务，对高新技术产业的聚集很重要。高新技术企业的聚集很容易产生乘数效应，并促使第三产业的集中，从而使高新技术企业获得更为便利的服务；而充分的服务和集聚规模效益又为技术创新提供了保障和条件。

第二，企业的技术联系。高新技术产业的联系有前向和后向之分。前向联系是生产高新技术产品的企业与市场或客户的联系，后向联系是高新技术企业与其供应商之间的联系。在技术上联系紧密的企业更容易聚集在一起，形成新产业区。

第三，企业协作的环境。拥有地域根植性的集聚经济，如果当地协作环境好，则集聚企业的联系就会稳定长久，企业间能够相互信任；否则，如果当地协作环境差，则集聚企业间的关系多为偶然性、不稳定的，这种情况下当地企业的集聚不能形成新产业区。

三、高新技术产业的布局原则

与新产业区相关联的是高新技术产业的布局，它也是新产业区建设的具体化。根据高新技术产业的特征，其布局原则为：

其一，靠近市场。在技术日新月异、企业竞争激烈的情况下，只有靠近市场，靠近用户，才能及时发现需要，开发新产品，加快产品更新换代，并做好售后服务工作。

其二，靠近科研机构和大学。就近聘请到高级科技人才，以最快速度获得最新的科技成果，并与科研机构和大学共享先进设备和实验设施，这样能保证企业拥有强大的产品研发能力，保证技术人才的供给。

其三，要求有高级的企业管理人才和高素质的劳动力。因为高新技术产业竞争激烈，只有高级的企业管理人才才能正确领导企业；同时，高新技术产业的生产设备先进，只有高素质、受过训练的劳动力才能胜任。

其四，拥有优良的基础设施。水、电、气、通信设施等应该比较便利，一般要靠近国际机场、海港及高速公路，离中心城市的距离也不能太远，以方便职工上下班。

其五，具有完备的辅助工业和发达的第三产业的支撑。综合配套能力应该比较强，能够保证高新技术产业所需要的设备、材料等上游产业和服务部门提供的产品和服务。一般高新技术产业都设在较发达地区。

其六，优良的投资软环境。即要求有优惠的地方政策，优良的法律、财务、专利、工商及进出口服务等。

其七，能靠近投资机构。由于高新技术产业属于资金和技术密集型产业，高产出，高风险，需要充足的风险投资，因此，新产业区要能提供资金。

其八，该地区具有创业精神的城市气氛。如旅游城市就不大适合布局高新技术产业，因为那里的城市气氛过于轻松散漫，不适合高度紧张、竞争激烈的高科技创业精神。

其九，有聚集性。高新技术有聚集效应，不同的高新技术企业聚集在一起，可以在共享和竞争中相互合作和促进，因此，高新技术产业多布局在高新技术产业开发区。

其十，有良好的周边环境和较高的生活质量。高新技术产业的从业人员一般来说素质和收入都比较高，通常要求环境优美、空气清新、水质良好、气候适宜、子女上学方便、交通便利、住房条件优越等等。

高新技术产业容易形成产业集群，也需要产业集群为其提供发展环境。我国高新技术园区在发展的过程中往往过于注重引资而忽视了园区内企业之间的联系、创新性和产业集群所带来的竞争优势，在促进园区内产业集群形成的过程中错失了不少良机。

第三章　宏观经济中的区域经济战略布局

改革开放以来，我国区域经济战略布局发生了重要变化，这个变化是我们国家从一个经济大国迈向经济强国的战略需要。中国取得了飞速的发展，实现了历史性的突破，这是中国实施新一轮区域经济战略布局的历史背景。

第一节　我国实施区域经济的战略背景

明确我国实施区域经济的战略背景，了解我国经济制度的初始状态和后来的转变，对于深入认识我国经济的战略背景有重要作用。

一、我国从自然经济迈向了发达的商品经济

我国从自然经济迈向了发达的商品经济，这也是我国最重大、最根本、最具有革命性的一个变革，是区域经济形成的基础。几千年以来，我国的经济形态是处于自然经济状态的。所谓自然经济，就是说一个经济体，小到一个家庭，大到一个企业，再到一个区域，它是自成体系的，是自给自足，生产适合自己消费的商品。所谓产品经济，是在计划经济时期形成的一种经济形态，所有的生产都是按计划进行的，按照苏联范式政治经济学，把整个社会再生产分成四个阶段，有生产、分配、交换、消费。我们认为生产是起点，是决定其他三个阶段的，消费是终点。整个的分配和交换，是为了实现生产到消费的过程，计划经济就是要进行产品的安排，然后围绕产品来进行它的分配和交换，使货币成为购买这个产品的一种权证。

改革开放后，我们所建立的经济形态是和市场经济体制有关系的，这是

一种完全的商品经济形态，或者说，到现在为止，我们的这种发达的社会经济形态已经完全建立。所谓商品经济，生产是为了拿到市场上去交易、交换，通过交易和交换来取得它的价值和使用价值。在过去，很多产品不是商品，生产资料不是商品，比如汽车不是商品，汽车是集体购买的；住房不是商品，住房是国家分配、单位分配，是属于福利范畴。现在，我国的商品化程度有空前的提高，除了极少数产品由国家控制之外，大部分产品都已经商品化，整个产品的商品化进程已经完成，我们已经进入发达的商品领域状态。

改革开放初期，中国商品的品种种类总共是 8 万到 12 万多种，那个时候，美国的商品种类是几百万种。出国到欧美发达国家看到的最多的是这些国家的商品琳琅满目，很多商品在国内买不到。但是，现在中国是世界上商品品种种类最多的国家。义乌小商品市场是联合国贸发组织认定的世界上最大的小商品批发市场，它的小商品的品种种类占到联合国贸发组织所列的商品品种种类的 70% 以上。因此，中国的这种从自然经济、产品经济向商品经济，向发达的商品经济的转变过程也已经完成。不管是东南沿海，还是我们东北的老工业基地，还是中部、西部，商品化的过程已经基本完成。

二、我国经济从政府主导迈向了自主增长经济

过去整个经济的推动力量或者说引导性的力量、决定性的力量是政府。改革开放以来，形成了这种微观主体、企业主体，特别是多种所有制结构并存、多种形式并存、多种业态并存、多种商业模式并存这样的一种微观的企业主体的再造已经完全完成。

在目前市场经济体制下，根本动力在于微观基础，政府是引导性力量，但是微观基础是决定性力量。围绕经济危机、经济下滑等问题，包括对珠三角、长三角的一些调研，有关机构写了一系列的政策建议。政府最大的责任是给企业以信心，企业兴则经济兴，企业衰则经济衰。因此，整个经济微观主体的建设已经完成，微观基础建设已经完成，经济制度的建设已经完成，那么，我们现在面临的新的改革任务就是如何从经济领域向社会领域延伸，如何进行经济体制、政治体制、社会体制、文化体制、生态文明制度的整体

建设，这样一大的背景，是研究区域经济战略布局问题的一个前提和基础。

三、我国从计划经济制度迈向了市场经济制度

这样一种经济制度的建设，使中国经济的运行机制、经济运行的主体、经济运行的动力都发生了根本性的变化。在计划经济的条件下，主要是政府配置资源。在市场经济条件下，是以市场配置资源为决定性作用，政府充分发挥市场的力量。中国在加入 WTO 谈判时，作出了两个重大的让步，其中一个让步就是我们承诺要用 15 年的时间完成计划经济国家向市场经济国家的过渡，当时设限是 15 年。但是中国到 2006 年 12 月，只用了 5 年就完成了加入 WTO 的过渡期。中国的市场化程度进展得非常快，从东南沿海到东部的整个沿海一直到内地，市场经济体制经济制度已经基本建立。

我们有理由认为中国已经是一个市场经济国家，这就是我们在加入 WTO，在反补贴、反倾销、特别保障措施这些国际贸易纠纷中，中国要争得的一个重要的利益。如果不争得这个利益，其他国家就会以第三国——他们认为是市场经济国家——这样一个价格来衡量你的产品成本，然后对我们提出反倾销、反补贴，实行特别保障措施，这样我们在贸易上就非常被动。因此，我国在两国贸易谈判中所争得的一个主要利益就是我们的市场经济国家的地位。

四、我国的经济从封闭型经济迈向开放型经济

我国的经济从封闭型经济迈向开放型经济，这也是中国历史性的、最大的变化。在中国几千年的历史上也不是没有开放的历史时期。比如在盛唐时期，中国是全世界最开放的国家。唐、宋、元，一直到明，甚至一直到清朝的前半叶，中国当时的经济总量（现在讲的 GDP）占了全球的二分之一；一直到清的后半叶，我们国家的 GDP 还占了全球的三分之一。

发展中国家市场份额的提升，特别是像中国、印度这些国家经济份额的提升，使美国的经济份额下降。就是说多年来，新兴的市场经济国家份额提升了近 10 个百分点，而美国是下降了。但是，美国仍然是世界上第一大强国，就是因为它的 GDP 占比高。中国新时期发生的最大的历史性变化，就是

我们重新把一个大国推向了世界，建立了开放型经济的框架。

中国的开放是通过从东南沿海的开放向内地推进，从试点的开放向全局推进，从引进开放向走出去推进，现在中国一大批企业开始成为世界性的跨国公司。最典型的东南沿海的华为、中兴通信等企业已经成为在全球同领域里面的领先企业。中国这种开放型经济框架的确立，是一个伟大的巨变。正因为有了开放，有了东南沿海的开放，然后才有内地的开放。正因为形成了开放的这样一种经济形态，才有了要素的充分流动，才有了区域之间的要素整合。因此，中国新时期后从封闭型经济迈向开放型经济的重大历史性的变化，也是我们区域经济发展的一个前提。

第二节　我国区域经济的战略布局

在过去的几年，我们主要形成了四种区域的布局，可以概括成以区域方位为主的区域格局，如东南沿海开放、西部大开发、振兴东北老工业基地，然后是中部崛起，等等。

一、关于振兴东北老工业基地的战略

第一，利用东北老工业基地的工业基础，加快我国装备制造业的发展。我国经过不断发展，轻工业已经比较发达，突破了消费瓶颈。但是，到 20 世纪末，最大的一个瓶颈是装备制造业严重落后，连生产较好的纺织机的能力都没有。到浙江、江苏去看，特别是我们民营企业使用的最先进的纺织机器全部都是进口，主要是来自日本、意大利、法国，一台纺织机价格在 300 万至 500 万美元。装备制造业成为我国的一个瓶颈，我们每年的出口商品中机电产品占 55%，主要是彩电、冰箱、空调，而进口的机电产品比我们出口的机电产品要多 3 个百分点。进口的 80% 以上是大型装备，包括数控机床等先进的设备。当然，这些是我们国家在贸易政策中鼓励进口的东西，我们要上工业，要上水平，要建成先进制造业基地，它的机械设备必须要上去。所以，

只有振兴我们的装备制造业，使我们的装备制造业迅速地赶上世界水平，才能实现对进口的替代，才能使我们的先进制造业有可持续发展的基础。而东北作为共和国的长子，具有良好的工业基础，具备发展现代装备制造业的各种先决条件。

第二，东北在我国独特的战略地位。首先，它地处我国东北部与外国接壤的沿边地区。其次，它是我们国家沿海最北端。最后，东北三省是"原"字号的区域，原油、原粮、原煤、原木。因此，东北区位优势不可替代。作为粮食基地，其他地区无法与东北一马平川的平原相比。东北是我国最大的粮仓，这是它的第二个优势。

第三，要解决东北面临的最迫切、最严重的一些瓶颈问题，如下岗工人问题、资源枯竭问题、社会保障问题等。首先是东北三省是我国下岗工人最多的地方，一大批产业工人生活没有保障。振兴东北老工业基地实际上首先解决的一个很重要的问题，就是社会保障问题。其次，是东北有一大批资源枯竭型城市，许多城市的资源已经采空，这些城市怎么转型是重要问题。因此，振兴东北老工业基地就是要解决这些资源枯竭型城市的转型问题。最后，东北的这些工业基础原地踏步，没有提升。在新的一轮区域经济布局中，这么大的一块存量，它到底怎么能盘活。党中央、国务院关于振兴东北老工业基地的战略实施之后，对东北三省发挥了重要的作用。实践证明，中央的区域战略是正确的，解决了东北的很多问题。

二、关于中部崛起的战略

中部还有 6 个省，山西、河南、安徽、湖北、湖南、江西，这 6 个省出现了经济发展速度放缓，中部 6 个省每年的"两会"提案，包括中央会议上的一些发言，都是强烈要求中央要给中部制定政策，要有中部崛起的政策安排。为了发挥中部 6 省的优势，有关机构进行了深入的前期调研，调研之后形成了三个报告。当时提出的建议最主要的是实现两个延伸：

一个延伸就是要把党中央、国务院支持西部的政策向中部延伸。中部还有很多地方是非常贫困的，比如说安徽、江西的山区地方，退林还草还湖等这些适用西部的政策都可以适用中部。

再一个重大的建议就是把东北老工业基地的政策向中部延伸。中部在"一五""二五"时期也有一批老工业基地，比如说长沙、株洲、湘潭，比如说武汉的武钢，这些都是"一五""二五"时期的重大项目。江西的九江、南昌都布局了一批国家的重点项目。这两个延伸实际上现在是中央制定支持中部崛起政策的主要的两条线，中部崛起的政策出台之后对中部各省的鼓舞非常大。

第一条脉络按照方位来看，形成的一个区域战略布局就是东南沿海开放、西部大开发、振兴东北等老工业基地，然后是中部崛起四个板块，它是区域的方位的概念。

第二条脉络是我们国家的沿海发展战略，这是我们非常重大的一个战略。最西南的沿海是北部湾。北部湾在广西、海南和广东交界的海域，它包括：广西的防城港、钦州、南宁和北海 4 个城市；广东的湛江、茂名，也就是粤西这个地带；海南的西部，像儋州、东方等地区。因此，它是一个海湾的概念，这就是北部湾包括的范围。国家已经出台一个完整的北部湾发展战略。随后又提出一个泛北部湾的经济圈，把北部湾扩展到更大的范围，扩大到广西和粤西，然后通过两廊一圈到了越南、缅甸，还有东盟国家。

接下来就是东南沿海。东南沿海的第一个沿海经济带是珠三角改革发展战略规划。这个区域有四个概念，一个叫小珠三角的概念，有广东的 9 个城市，包括广州、深圳、东莞、惠州、珠海、中山、江门、佛山、肇庆，这是小珠三角的概念。大珠三角包括中国香港、中国澳门，加上以上 9 个城市，就是大珠三角的概念。在此基础上，为了使它向更深的腹地发展，规划还包括了环珠三角的概念。环珠三角包括珠江东岸、珠江西岸，粤东、粤北、粤西区域，也就是广东全省。再一个是泛珠三角的概念，就是"9＋2"的概念，"2"是指中国香港和中国澳门，"9"就是沿着珠三角起源的云南、贵州等凡是和珠江流域有关的 9 个省区。因此，东南沿海的第一个沿海经济带就是珠三角，或者叫大珠三角的这样一个经济带。

从珠三角经济带下来是海峡西岸经济区。海峡西岸经济区现在国家已经通过的包括福建省大部分，广东粤东地区——潮州、汕头、汕北、揭阳4个地区，也包括浙江南部地区，如温州等都是在海峡西岸经济区之内。

东南沿海还有长三角。长三角经济区包括16个城市，其中龙头是上海，包括浙江和江苏几个城市，还有安徽。原来的长三角是两省一市——江浙沪，现在是三省一市——江浙皖沪，现在我们所说的长三角的概念就是这三省一市，这是一个大的长三角的概念。

长三角下来是东部沿海，也就是江苏沿海战略。江苏的沿海城市包括南通、连云港、盐城，主要以这三个城市为主形成江苏沿海产业带。江苏的沿海产业带主要是连接长三角，立足整个沿海，然后依托长三角，北面再接上黄河三角洲。江苏沿海产业带虽然是三个城市，但也非常重要，因为它是整个欧亚大陆桥的起点，也是陇海铁路的起点，它既是一个通海要道，也是通向内陆的要道，因此，它的战略地位非常重要。国务院在2009年5月10日通过了关于江苏沿海地区发展战略。国务院批示的是黄三角的战略规划。所谓黄三角，就是黄河入海口形成的三角洲地区的规划。

再往北是环渤海经济圈。环渤海经济圈还没有国家整体的规划，但是有中央关于支持滨海新区发展的意见，给天津滨海新区的定位是北方经济中心、国际航运中心、国际物流中心、国际贸易中心、临港产业经济带。另外，在滨海新区建立东疆保税港区，形成了港区联动。目前，整个的环渤海和长三角、珠三角不一样，没有一个整体的发展战略。但是环渤海中的青岛港已经成为全国第三大港，它的港口吞吐能力非常大，而且青岛是一个工业品牌之城，它在环渤海中具有非常重要的战略地位。环渤海除了天津以外，最重要的就是辽宁。辽宁的整体战略是整个环渤海最重要的一个战略。从长远的战略规划来看，也是沿海城市中不多的几个国家级战略规划之一。因此，辽宁沿海经济带是我国北部、东北部最重要的沿海经济带，沿海的其他的都是点，比如说江苏、上海，都是一个点。但是能连成片的一个是北部湾，一个是珠三角，一个是长三角，一个是海峡西岸，再一个就是辽宁沿海经济带，这些都是同步规划的而且是跨区域的，辽宁实际上是6个城市，但是这6个城市也是一个带的概念。所以，我国沿海发展战略布局已经基本完成。所有的沿海连接起来基本上形成了我国新一轮开放沿海战略的总体布局。

改革开放以来，中国区域经济由"点状经济""轴线经济"向"板块经济"发展。随着珠三角、长三角经济区的相继崛起，"板块经济"成为拉动我国经济社会发展的动力引擎。然而，国家寄予厚望的中国最大的工业密集区域环渤海经济区还有待于加快发展步伐以承担起应承担的重任。走区域合作之路是提高区域整体竞争力、促进区域内各地区快速发展的必然选择，区域一体化发展战略已经成为环渤海地区的共识。从环渤海区域的历史看，区域合作发展的主要路径依赖的要素是：政府行为主导、产业重型化、大型国有企业为主体、产业集聚于中心城市群、形成重化工业的经济社会基础和环境等等。这种结构的刚性基础和基本经济结构，在短期内将难以发生重大改变。因此，环渤海区域合作与发展路径必然与珠三角、长三角有所不同，不可能主要依赖轻工业，以民营经济、中小企业和市场作用为主，而必须围绕重化工业，以发挥国有工业和政府作用为主，走政府推进机制、提供市场化的制度环境，以大型企业为主体发展产业集群，以产业集群为节点、中心城市群为轴线配置区域资源，以海洋经济、临港经济与腹地互动整体提升区域竞争力的道路。

鉴于环渤海地区经济政治及文化历史等诸多因素，区域合作必然是一个递进的发展过程，合作进程需要由多点、多元逐步归为一元，合作方式由松散、多边逐步转向一体，合作内容由资源设施联动、互补逐步转为共享，合作空间由内陆、城市转向沿海、海洋；产业格局由错位、梯度发展逐步转为集群整合。

一是必须确定环渤海区域的核心点，形成有带动能力的区域经济中心。区域一体化需要一个强有力的经济中心，能够承担起组织、协调区域经济活动的重任，合理配置区域内的资源，优化产业结构，使区域内的整体竞争力达到最优。环渤海核心区在地域上是"京津冀"，及早明确核心区核心点的定位，是区域合作发展形成经济中心的关键所在。天津过去一直是华北地区的工业重镇和金融商贸中心，是我国北方重要的口岸城市。国家"十一五"规划纲要把天津滨海新区纳入国家区域经济发展战略，天津以滨海新区为重要支点，作为经济主导功能的中心城市，应承担起牵领环渤海地区经济发展的战略重任。目前来看，整个环渤海经济合作的主要特点是松散型、多点（中心城市）、多元（经济区）。由于经济没有发展到一定程度是产生不了互动与协作的，环渤海经济区的真正形成还需要时间。因此，当前应作出区域一体化的次优选择，即以"点"带"元"形成经济区内的一体化，如以天津为中心的津京冀经济区一体化，以沈阳经济区为中心的辽东半岛经济区一体化，以济南—青岛为轴线的山东半岛经济区一体化。在三个一体化经济区的基础上实现环渤海区域的一体化，比七省市的一体化要容易得多。三个经济区内部以及区域之间，广泛开展双边和多边交叉合作，与地区一致合作相比更具灵活性、参与性、互补性、有效性、效率性。

二是在组织框架和制度政策方面实现一体化整合，以完善环渤海区域合作机制。环渤海区域合作机制是"环渤海区域合作联席会议"，虽然发挥了一定作用，但联席会议制是筹商机制而不是工作机制，是以政府为主的议事机制而不是多层面协调机制，规定了三层工作机制的框架，但缺乏实施工作机制的工作机构。促进区域合作向更深层面、更多领域发展，建立和完善环渤海区域合作机制已经成为环渤海区域合作发展的必然要求。环渤海区域合作应在经济政策、组织框架、制度层面进行一体化整合。首先要建立强有力的工作机构，包括指导机构、协调机构、执行机构等强有力的推进机构，负责环渤海区域日常组织协调工作，加强信息交流，编制环渤海区域合作发展规划等；其次要建立多层面协调机制，包括中央政府指导、城市政府协商、市场中介组织、企业等多层面制度性的区域合作协调机制，通过多方面的具体行动推进区域全方位的合作；再次要确立区域合作机制的运行方式，即竞争与合作的运行方式，既有竞争又有合作，在竞争中合作，在合作中发展，实现区域内各地区共同发展的多赢局面；最后要制定区域共同市场政策，如经济合作政策、区域资源环境共生政策等，通过强有力的制度保障，协同政府行为，打破区域内各城市间的贸易壁垒、行政壁垒和各种政策特权，形成统一、协调、有效的竞争规则。

三是以环渤海区域发展战略规划为纽带，全面实施环渤海经济带开发战略，形成海洋经济与内陆经济的互动发展。区域经济发展的关键是通过合作实现优势互补，获得互惠互利的发展，提高整个区域的竞争力，使各个地区从整个区域竞争力的提高过程中获取本地区应得的利益。为达到兼顾各方利益的原则，环渤海区域合作机制的主要目标是开展合作，而合作的方向及方式需要通过共同协商而形成一致的共识并形成共同遵循的行动纲领。加强区域内整体规划功能，引入全区域效益最大化的概念，超越行政区划的界限对环渤海区域发展进行长期规划，构建环渤海经济圈产业发展和空间布局的整体框架。制定区域发展的长期规划，编制《环渤海区域发展规划》和《环渤海区域产业发展规划》，以规划的形式对环渤海区域的合作与发展进行科学引导，同时争取获得国家政策支持。环渤海区域合作必须基于世界视角考虑和制定区域总体发展战略，即以海为重心还是以内陆为重心。受区位、历史以及传统工业化、重工产业结构的影响，环渤海地区的经济发展重心一直放在内陆。伴随资源枯竭、开放度提高，各省份开始将目光转向沿海，辽宁实施沿海经济带开发开放战略，河北提出建设沿海大省，山东提出"海上山东"。各省份都有自己的定位，而整个环渤海没有区域沿海和海洋开发战略。研究规划环渤海沿岸经济带和海洋开发发展战略，将形成环渤海海岸事业的杠杆，对环渤海地区特别具有战略意义。借鉴环太平洋各国开发海岸带与规划海岸城市的经验教训，制定一个环渤海海岸带协调发展战略，是环渤海区域经济合作的重要战略任务。辽宁沿海经济带开发开放战略的实施，已经取得一定成效并上升为国家战略，在环渤海经济带的开发上率先迈出重要的一步。

四是多层次全方位地构建环渤海区域合作发展平台，形成共建、共享、共利的运行体系。环渤海区域合作发展应搭建四个层次的平台：首先是区域交通网络等基础设施体系；其次是区域生产要素的市场化流动体系；再次是区域产业发展体系；最后是区域城市发展体系。区域合作是区域经济一体化的初级阶段，而区域合作也有一个先易后难、逐步深化的过程。建立合作发展的共享平台，以发展为目的，以合作为前提，以制度衔接为手段，建立保障机制是关键。借鉴长三角的经验，共享平台应坚持共利、共建、共担原则，共同建立区域利益补偿机制，协调各种相关利益，正确处理好中心城市与周边城市的关系、区域功能定位与产业定位的关系、区域内竞争与合作的关系，为区域合作与发展奠定良好的制度环境基础。从整体上规划区域交通设施建设的战略布局，发展和共享区域综合交通运输网，加强航空港、海港之间的分工与协作，形成完善的空港、海港体系。加快区域性的信息网络系统、商务流通系统、金融系统等一体化的建设，促进物流与商流，为区域合作与发展提供基础平台。国内外的实践证明，区域经济一体化的形成需要中心城市群的支撑，发挥中心城市在经济发展中的引擎作用。以天津、济南、沈阳为核心，构筑津京唐城市群、山东半岛城市群、沈阳经济区三大区域城市经济圈，同时辐射山西、内蒙古地区，形成联动互动的区域重要增长极，以带动整个区域的经济发展。城市群的形成，既可以有效地发挥中心城市的辐射、吸引效应，形成环渤海地域间遥相呼应的鼎立之势，又能为环渤海区域经济一体化发展起到探索、示范效应，对促进区域空间格局的优化、产业布局的调整、腹地与沿海的互动、现代物流通道的形成都有十分积极的作用。同时，要注重发挥中小城市的比较优势和产业特色，深化城市间产业分工关系。

五是在政府环境、行政环境和制度环境等方面加快创新营商环境步伐，从外部促进和内部动力两方面加强政府行为规制。区域合作组织形式的形成主要有两条途径：第一条，在市场的作用下，在经济主体之间自发形成或主动建立的制度和组织形式；第二条，在区域内政府之间以协议或某种制度的形式确立下来。鉴于环渤海地区市场机制尚有缺失、国有工业企业比重大、企业主体处于弱势地位的情况下，区域合作组织的形成路径必然是地方政府推动。中国改革的重大特征是政府主导型，地方政府成为一个特殊"竞争主体"。地方政府都是发展型的强势政府，是非常强大的利益主体。区域合作涉及各地区、各部门的利益调整，合作不是分蛋糕，而是共同做蛋糕。因此，跨地区的合作更多的是解决政府之间的"竞争"，坚持"真诚合作、制度创新、优势互补、互利互惠、有序竞争、统筹发展"的原则，顺应产业发展和市场化需求，放弃更多阻碍区域间资源要素流动的管制，将区域经济发展的主动权交与经济发展的主体，弱化区域行政壁垒，降低区域经济一体化的制度成本。各级政府要致力于建设以市场机制为核心的经济制度和市场竞争环境，政府通过秩序效率创造经济效率。

沿海发展战略具有 6 个特点：

第一，它集中了我国最重大的一批项目，比如说石油、化工、钢铁，也包括核电等最大的项目，现在基本都摆在沿海。

第二，它拥有我国最大规模的港口。我国在国际贸易中 80% 以上的货运量是通过国际航运完成的，而我国最大规模的港口都在沿海产业带。

第三，我国对外交流贸易的大通道全部打开。过去我们说是长三角、珠三角，现在可以说是整个沿海全部打开这些通道，我们可以从这些通道走向世界各地，这样就把整个中国的、整个亚太的布局一下改变了。日本的横滨、东京这些大的港口，还有韩国的釜山，加上新加坡这些亚洲大的港口，它们主要的竞争对手都是中国。是不是国际贸易港口，关键看是不是枢纽港，枢纽港最重要的核心指标就是看它的中转量，有多少货物是从你这里中转的。比如，新加坡、韩国的釜山，40% 以上的中转量都来自中国。因此，在上一轮竞争中，由于我们港口的货物贸易、物流成本比较高，大量的货物要通过这些港口中转，而将来沿海战略将形成一大批的枢纽港。这些枢纽港不仅是面向腹地，更多的是要面向世界。因为中国作为制造业的大国，它的贸易量的生成或者说物流量的生成将是非常大的。再加上国际大循环，像铁矿石、铜矿、石油大批量的国际循环和运输，它要有一大批的现代港口做支撑。

第四，沿海有一大批土地储量丰富的地区，可开发的空间和潜力非常大，还有一大批可以再造土地的地区，它的空间也非常大。改革开放初期，我们的土地资源是 22 亿亩，经过四十多年的发展，我们的土地资源逐渐减少。如果说土地不能保证的话，十几亿人吃饭全部要靠进口，我们国家面临的国际风险就更加巨大。

第五，沿海的现代制造业非常发达。现代商业文明的发展，从近代史来说，沿海要大大优于内地。我国近代史上最早开放的商埠也都在沿海，我们过去讲的丝绸之路可能认为就是甘肃、敦煌、莫高窟、新疆沿着这条路一直到了中亚、西亚，实际上海上的丝绸之路是我们国家另一条重要的丝绸之路。

海上丝绸之路也是在沿海，它的起点是广州，沿着广州这一带把我国的丝绸、瓷器、茶叶，通过国际贸易走向世界。

第六，沿海的人才优势凸显。我国绝大部分的人力资源，特别是技术资源还是集中在沿海。沿海形成的工业基础，包括人才基础比内地要优越得多。因此，国家新时期形成完整的沿海战略是国家重大的战略布局。

第三条脉络是城市群、城市带、城市圈和新经济圈的形成。内地经济圈的形成，包括内地、沿海。今后的全球竞争，最重要的是体现在大经济区之间的竞争，是大城市群、城市带之间的竞争，是区域关系从单体的区域竞争走向群体的或者更大群体的区域之间的竞争。这种竞争突出的表现是大的城市圈、城市群、城市带和经济区之间的竞争。全世界现在最大的经济区排在第一的，还是纽约、伦敦、东京、阿姆斯特丹这些以城市群为主体的经济区域。

第四条脉络就是四大主体功能区的确立。四大主体功能区是在国家"十一五"规划中提出来的新概念，四大主体功能区包括以下四类。

第一类是禁止开发区。禁止开发区包括国家级生态保护区，包括三江源根本不允许开发，国家级自然文化遗产，比如各类国家确定的地质公园都是严禁开发的。

第二类是限制开发区。以保护为主、有限度地开发。比如像三江源的核心区，旅游都是不允许的，只有科考队员能进去，其他人都进不去。

第三类是重点开发。长三角、珠三角、环渤海等三大城市圈。长株潭部分地区已与武汉城市圈一起，被纳入长江中游地区国家级重点开发区范围。

第四类是优先开发区。优先开发区就是属于土地资源、人力资源、工业基础等条件都比较好的区域，辽宁沿海经济带实际上就是国家确定的优先开发区、优先开发的主体功能群，那些国家确定发展战略加大开发力度的地方，就是国家优先开发区。而且在不同的省份，现在也都在按照这四大功能区在划分，比如广东的粤北有些地方也是不允许开发的，有些城市也已经细化到按城市功能去划分。如中山是珠三角的一个城市，制造业高度密集，有很多的产业区块，但是它留出来了 300 平方千米的山林、绿地，一届政府一届政府地传下来，不允许开发。所以，现在这个地方的制造业与生态和谐是非常好的一个区域。

第五条脉络是国家确定的各类改革试验区。改革试验区是近几年为了推进改革，形成我们国家更加开放的体制、更加国际化的体系，寻求突破我们国家这些瓶颈性的问题所进行的新的尝试。上海浦东综合改革试验区，它是要进行综合的特别是以政府行政管理改革为主的试验；天津滨海新区，它承担的就是能够通过改革创新，成为带动北部经济发展的北方经济中心。但是，也应该看到，这个地区真正达到这样的定位或者超过这样的定位，取决于这个地区的吸引力、凝聚力、带动力、竞争力及功能是否达到国家定位的水平，现在这种改革试验区都在积极地朝这个方向去努力。成渝城乡统筹的试点，国家把重庆和成都作为城乡统筹的试点，寻求能够突破城乡的二元结构，使城乡能够统筹发展的综合配套试验，在综合配套试验里面允许对土地进行改革。

三、关于东南沿海开放的战略

东南沿海主要是江浙沪加上广东及福建的一些地区，这个是原来的东南沿海的领域。当时它的历史性的任务就是实现"两个率先"，就是率先基本建成现代化，率先全面建成小康社会，这是我国给东部的定位，后来又加了"两个率先"。一个是率先转变经济发展方式，实现科学发展；再一个是率先构建和谐社会。这就是整个东南沿海按方位来说的它的历史使命。

四、关于西部大开发的战略

1996 年，我国决定实施西部大开发战略，这个战略是由当时的一份报告引起，就是《再造西部的秀丽山川》。中央政府对于这份报告给予了很大的重视，全面分析后我国便开始了中部和西部的大开发战略。中部、西部的开发包括 12 个省市，最主要要解决三个问题。

第一个问题就是生态的恢复、保护和建设。因为我们国家大江大河的源头都在西部，青海是三江源——长江、黄河、澜沧江——的源头，现在三江源已经成为国家级的生态保护区。长江、黄河、澜沧江的源头在青藏高原，加上西藏是有七条大江大河的源头。因此，这种生态的恢复、保护和建设，特别是水资源的保护刻不容缓，这是西部大开发最重大的一个战略意义。

第二个问题就是把资源的比较优势变成经济优势和竞争优势。因为我国的矿产资源、光电资源、风电资源主要也集中在西部，但是西部非常贫困，这些资源没有得到充分的开发和利用，如何把这些存量资源变成一种竞争优势、比较优势、优质资源，这是它的第二个战略意义。

第三个问题就是缩小西部和东南沿海的差距，使西部人民群众的生活得到明显的改善。当时东南沿海的人均 GDP 已经超过 1 万多元，但是西部的很多省份还在 1000 块钱以下。特别是贵州，当时和最发达的上海比较是十几倍的差距。新疆、西藏、内蒙古（内蒙古是这些年发展起来的）当时都处于非常贫困的情况。只有缩小这个差距，才能使我国西部广袤土地上的人民生活水平得到明显的改善，才能稳固我们整个国家的统一疆土。整个西部大开发，给了西部很多的政策，包括鼓励国外企业和东南沿海企业到西部投资，包括恢复生态环境的退耕还林还草还湖还坡等措施。

第四章　我国区域经济发展中的政府与市场

政府和市场在区域经济发展中都具有不可替代的作用，政府不应该是反市场的，而应该是亲市场的，市场也不应该一味地拒绝政府。在区域经济发展中，市场仍然要通过供求、竞争和价格机制起到刺激生产、调节供求、资源配置的作用，是无法替代的；而地方政府作为区域经济的规划者、组织者、国有资产的经营者、公共产品和服务的提供者和社会管理者，其作用也是市场无法代替的。

第一节　区域经济中的政府与市场关系模式

最优的契合点应该是强力政府与高效市场的有机耦合。但是不是每一个时期、每一个区域都应该建立这种理想的模式，我们可以以政府和市场作用发挥程度为维度，构建政府－市场关系矩阵图，于是存在四种模式，即互动型、政府主导型、市场主导型和分裂型。

一、互动型

这是一种比较理想的状态，强力政府与高效市场达到了有机的耦合。政府在区域经济规划、国有资产经营、社会管理等方面充分发挥作用，并且在政府强有力的保护、促进和引导下，企业能够自主经营，形成自由交易制度。更重要的是在最优的情况下，外部性等市场失灵得到有效弥补，与此同时借助完善的制度建设避免政府的效率低下和寻租腐败问题。互动型模式的主要特征可以描述为以下几点。

　　第一，政府和市场都是比较有效的，而且具有合理的分工。所谓的强力政府是指与市场经济相适应的，能够最佳地运用市场机制促进社会经济快速发展的政府。政府是社会和经济发展的主导性力量，是现代化和市场化的发动者和组织者。它要从总体上对经济发展方向、结构和过程进行有计划的协调，保证资源配置的宏观效益。它要作为国有资产所有者行使所有权职能，协调公有制经济的内部关系或直接经营公有制经济。它要作为社会管理者，维护正常的社会经济秩序，为经济发展创造良好的外部环境。政府的这种作用是市场所不能代替的，也是一般的市场经济国家政府所不具有的。市场作为经济运行的基础，通过供求、竞争和价格机制来调节微观经济的运行，具有刺激生产、调节供求、资源配置的功能，市场机制的这种作用也是政府所不能替代的。政府和市场各有所长，各有自己作用的范围，而不是相互替代。

　　第二，政府与市场之间有着亲和的关系。政府不仅仅是市场运行的外部条件，而且在许多情况下通过建立和经营国有企业，影响工资和利率等价格信号，调节分配中的利益关系等方式，介入市场机制运行过程的内部，与市场紧密结合在一起。从总体上看，政府的作用是亲市场的，而不是反市场的。政府的作用是弥补市场缺陷，而不是代替市场的作用。政府的作用建立在市场机制是资源配置的基础的前提之上。政府保护市场，促进市场，引导市场，尽可能为市场机制作用的发挥创造条件，而不是成为市场的阻碍。

　　第三，政府和市场是相互依赖、相互促进的。在这里，强力政府与高效市场并不是对立的，而是统一的。它对市场的作用包括：一是建立健全各种市场规则，反对不正当竞争和各种破坏市场秩序的行为，通过法律来保护经济主体的财产权和公平竞争的市场秩序；二是通过宏观经济政策维护宏观经济的稳定，防止出现总供求关系的严重失衡，为市场机制的作用创造正常的宏观环境；三是在出现公共物品、垄断、外部性和信息不对称的市场失灵情况时，政府通过法律、经济和行政等各种手段来弥补市场的缺陷；四是在市场发育不足时，政府要通过提供市场信息，建立市场设施，培育市场组织等措施积极促进市场的发育，而不是替代市场。一般说来，几乎没有哪个区域一开始就处于互动型模式区域。市场机制需要很长时间才能建立，而政府的高效也需要一定的外力和足够的时间才能实现。绝对的互动型模式也几乎没有，因为到目前为止，要确定政府和企业的边界仍然是经济学的一个难题。但互动型经济也并不是完美的，发达经济国家经过几百年的发展，市场机制趋于完善，政府职能也经历不干预—强力干预—适当干预等转变，趋于成熟，但仍然无法避免金融危机这种极端的政府－市场冲突。因此，互动型模式需要结合国家和区域的实际以及经济发展阶段，找到不同的路径和结合点。

二、政府主导型

地方政府对经济发展是主导和控制的作用，市场作用存在挤出效应。政府通过对资源的控制和较大程度上的行政配置，主导着区域经济的发展方向、空间格局和功能定位。与互动型不同的是，政府不仅在宏观领域发挥主导作用，在微观领域也通过直接担当区域经济的经营者，形成强大的政府经济，如传统的国有企业、专营各类公共产品的政府投资经营公司和开发区经济。这种组合关系中市场发育不充分，市场经济发挥作用的基础性条件包括明晰产权、法制等处于逐步完善的阶段，经济体制向市场化过渡的初期本身是一种各种利益和关系调整的阶段，而政府与市场关系的不对称性容易导致政府凌驾于市场之上。在干预市场的过程中，强政府能力因为具有较强的权威和牢固的合法性基础，具有较强的发动能力和政策引导能力，能够保证在实现社会政治秩序稳定的基础上加快市场化进程。

政府主导型经济适用于市场经济秩序尚未建立的地区，尤其是经济基础薄弱、产业结构自然演化较慢的落后地区，政府采用强有力的政策（前提是方向正确），可以在较短的时间内实现赶超。"亚洲四小龙"和日本在第二次世界大战后很短时间内的经济腾飞，已经很好地证明了这一点。在我国苏南地区，地方政府基于行政权力的作用，通过设立经济开发区、投资建设专业市场、垄断经营公共产品或准公共产品，推动了苏南经济的迅速崛起，同时政府经济在经济总量中的比重和影响力急剧增加。苏南模式是内地很多地区的模板，大大小小的开发区在近十几年如雨后春笋，仅国家级经济技术开发区的数量目前已突破百家。但政府主导型经济也存在明显的缺陷，强政府能力和弱市场化程度容易导致政府失灵现象的出现，尤其是经过早期的经济腾飞后，其弊端逐渐显现。首先就是长期的市场挤出效应会造成产权模糊、政企不分、企业经营效率低下，微观经济运行秩序和市场规则受到较大破坏；其次是一些本应由市场来配置的生产要素如土地、贷款、能源等操控在政府的手中，在追求政绩的驱使下，政府的偏好取代市场的选择，从一定程度上影响了资源配置的效率。另外，地方政府在区域利益和政绩驱使下，也会做出违背区域经济协调和一体化发展的行为，市场的分割、重复投资、产业结构趋同等现象已经到了非常严重的地步，是我国当前产业结构调整重点解决的问题。因此，政府替代市场的绩效问题应引起足够重视。

三、市场主导型

这种模式和资本主义发展初期市场经济初步建立过程中简单的市场关系相适应，自由资本主义时期的资产阶级政府对社会经济事务基本上采取放任自流的不干预政策，形成了强市场－弱政府的结合模式。政府能力在某些方面的不足造成政府干预的方式和范围的有限性，而这种有限性在一定阶段内适应了市场化初期阶段的发展要求，这种状况类似于亚当·斯密概括的"守夜人"的角色。政府的基本职能被概括为三项：保护社会、设立司法机关和维持某些公共事业及其公共设施。这一模式虽能调动经济主体的生产积极性，在一定程度上提高生产效率，但无法克服市场机制本身的固有缺陷，因而会导致市场失灵。市场主导型模式具有极强的内发性、自组织性和自适应性。

微观经济主体由于利益的驱动，自发地进行市场活动，市场化进程未受到政府的阻碍（也可能未受到政府的鼓励）而逐渐推进，即自下而上的制度变迁。在这种模式下，民间企业产权制度和市场制度的建立具有极强的自组织性质，对于这种原发性或内生性的经济发展来说，一个功能较弱的政府可能不是坏事，反而往往是件好事。并且随着市场化进程的加快，必然会有政府职能转变的要求，会推动政府的改革与提升，从而建立服务型政府。虽然有不同观点，但有不少专家学者认为，"浙江模式"是典型的市场主导型模式，一些人把浙江模式定义为"以市场为导向，以民间诱致型制度创新为动力，以农村工业化和小城镇发展为主线的内发型区域经济发展模式"。浙江模式是自下而上而非自上而下的，地方政府在浙江经济发展进程中的作用比较有限，只发挥了次要或者说从属的作用。为什么存在浙江模式，这与当地的各种环境因素有关。例如民间的市场意识、文化传统、地理位置。浙江之所以较早走上了市场化、民营化的道路，一个重要的制约因素，是浙江长期处在计划体制的边缘地带，是国有经济和集体经济最薄弱的地区之一。市场主导型模式存在的主要问题是市场化进程的后期政府是否能够保持跟进。市场失灵的固有问题需要政府解决，区域经济发展中的产业结构升级、环境保护、区域协调更需要政府及时跟进，在推进城市化，加强公共基础设施建设，加快专业市场建设、产业集聚等方面，发挥政府优势，积极作为，顺应市场经济发展的内在要求。否则，一味地"放任""无为"，必然带来无序竞争，不具备可持续性。

四、分裂型

这种模式是所有国家和地区都力图避免的一种失败型的政府与市场结合模式。在现实社会中，这种状态也曾出现过。在 20 世纪 80 年代的一些拉美国家，就出现过这种状况。而这种状况的出现与政府公共政策的不当有直接的关系。在这种社会中，市场发育迟缓，政府能力低下和市场机制的缺失之间形成一种恶性循环，其经济发展前景可想而知。由于市场机制的建立更需要时间和观念的转变，因此此时政府应该做的是尽快转变其职能，由分裂型模式转向政府主导型模式。拉美国家的经济体制既不同于社会主义国家，也不同于欧美等发达资本主义国家，它实行的是一种"半市场化"的运行机制。

20 世纪 50 年代以前，拉美国家建立在殖民经济的基础之上，因而先天发展不足。长期以来，拉丁美洲处于国际分工的较低水平，进口附加值高的技术商品和设备，出口附加值低的工业原料和农产品，因而在国际贸易中处于不利的地位。为改变这种状况，拉丁美洲国家在 20 世纪 50 年代以后，普遍采纳了经济学中结构主义的主张，以国有化为核心，以政府的各项优惠政策为手段，促进本国的工业化。为保护民族工业，长期采取贸易保护主义的经济政策，限制外国产品的输入和竞争。许多拉美国家为摆脱帝国主义的干预，人为地割裂本国市场与国际市场的联系，"关起门来搞建设"这些措施在某种程度上强化了政府的职能，促进了国家工业化进程。但是，这些政策既没有建立在社会主义计划经济基础之上，也没有建立在资本主义性质的市场机制基础之上。政策的优惠体现在政府对国有化企业的大量财政补贴上，企业缺乏竞争压力，降低了生产活力和效率，导致本国商品质次价高。

进入 20 世纪 80 年代，拉美国家先后陷入财政赤字、外汇短缺和外债居高不下的经济危机状况。这些情况引起公众对政府的不满，政府更迭频繁，政局动荡，有些国家出现了社会动乱。在内外政治经济压力下，许多拉美国家纷纷放弃政府干预经济的职能模式，转向所谓的"自由市场经济"，政策的急剧转变不可能马上导致市场经济体制的建立和发挥。这种弱政府－弱市场的结构状态，危及国家政局的稳定，使经济陷入更大的困难，出现滞胀危机。

本书研究的目的不是要找到一种普适的区域经济发展中的政府与市场关系模式，理论上难以确定，也不具备操作性；在实践上也无意于比较苏南模式、温州模式等的优与劣，因为我们还没有充分的证据证明哪种模式能更快更好地达到经济社会的可持续发展。事实上，这些地区都已经进行了卓有成效的改革，这意味着无论是苏南模式，还是温州模式，都没有定型，都还处于发展之中。更何况我国是一个幅员辽阔、资源禀赋差异悬殊、经济发展极不平衡的大国，简单地确定一种模式不利于发挥各自区域的优势。不同的政府与市场关系模式适于不同时期的不同区域。换言之，政策制定者无须倡导某一种模式而贬低另一种模式。各级地方政府，尤其是区域经济规划制定者，首先必须非常清楚地知道本地区经济社会的发展状况，而不能照搬其他地区的经验，盲目地制定政府的各项职能方向；其次，地方政府应该找到其发展的最优路径，最终的目标虽然都是互动型政府与市场关系模式，但起点不同，路径不同。

第二节　经济发达地区政府与市场关系典型模式

本节以广东省政府向市场放权的模式、深圳所采用的到位而不越位的模式以及浙江所采用的互动中地方政府角色变迁的模式为代表，进行典型模式的论述。

一、广东采用政府向市场放权的模式

广东以不到全国2%的土地面积，全国9%左右的人口，创造了全国10%左右的国内生产总值。如果把广东当作一个独立经济体，可在世界排名第9位；出口量占全国的25%左右。广东在40多年的市场化改革实践中，为中国贡献了"深圳速度""珠江模式""前店后厂"，贡献了超前意识和丰富经验。

对所谓广东模式是"政府主导"还是"市场主导"的经济发展模式，历来有很大争议，并且持"广东属于政府主导的市场经济"观点的居多。如把"政府管制的市场经济"视为中国模式铁三角的三个支点之一，作为中国模式的广东样本，在总体意义上，广东模式当然也不例外。"政府发展地方经济的冲动和地区间的经济竞争，导致了广东的市场经济本质上仍然是政府市场经济，而非自由市场经济"。广东模式在经济层面是"双重主导的经济发展方式"，即政府主导的市场经济和外部要素主导的外向型经济。

把"广东模式"解释为一种地方政府主导的外向型经济模式，这没有错。但仔细分析广东市场化进程的历史逻辑，发现另外一条线索。"广东模式"的成功很大程度上取决于中央向广东的放权改革和广东向市、县、乡镇的放权改革。开放的"放"字，正是蕴含着向内"放权"的意思。广东当年实行的财政包干制和"放水养鱼"，就是财政自主权的体现。中央的政策取向给了广东人敢想敢干的前提，广东人靠着自己的实干走上了经济增长之路。广东采取的实干方式是向中央学习，将发展经济的权力层层下放，从政府放给企业，从官员放给市场。政府向市场的放权真正起到了引领经济发展的积极作用。

经济学家认为，20世纪八九十年代，从省政府到各地市到各县区，广东一向以政府放权、少管事，放手让基层和民间求发展而闻名，这种以减少管制为特点的治理模式是珠三角在改革开改头20年取得巨大成功的一大法宝。

政府管制的减少让民营经济崛起具备了充分的空间，政府权力的减法换来了市场活力的加法。广东以简政放权为方向的商事制度改革，带来了对审批事项进行全面梳理的契机，让市场按照自身规律配置资源，让企业更加自由地成长，政府转变为服务角色。高度市场化还直接推动了创新创业和人才聚集，人才聚集又进一步推动了人才流动。

另外，从对内改革的历史来看，广东比全国先行一步的基本特征之一就是率先启动经济体制改革，从计划经济体制逐步向市场经济体制转型。早在20世纪80年代，广东即利用中央给予的特殊政策，明确规定"以市场调节为主"，在全国率先引入市场机制，进行以市场为突破口的改革：不仅在生产领域以市场逐步取代计划调节，在流通领域打破统购包销格局，而且全面推动价格改革、所有制与产权改革，培育和发展市场体系。在构建市场经济上，广东先行一步的结果主要体现在两大方面。一方面，广东的市场体系比较完善。经过20世纪90年代的改革和发展，广东建立起比较完善的市场体系，形成几个特点：多元化、多层次平等竞争的市场格局；商品市场的国际化程度较高；市场功能完善，对外辐射能力强；市场机制发挥作用广泛。另一方面，从全国范围来看，广东的市场化程度高，长期居全国首位。在2003年以前，广东市场化的综合排名一直居于全国首位，在此之后，才被其他一些省市（例如浙江）超过。故此，有学者呼吁，广东需要"吸取'浙江模式'的经验，给予企业更多的经济自由"。

因此，不管是从市场化的进程、市场化的程度，还是政府放权的力度，相对于全国其他地区，广东都可以作为一个市场主导的"准范本"。

综合各种观点，广东以市场主导为中心的发展方式体现在以下几个方面。

（一）政府实施放权、还权和限权改革

改革开放40多年来，广东以推动经济增长为中心目标，实行"三权改革"——放权改革、还权改革和限权改革，实现了对权力关系的调整和松动。

1. 放权改革

放权改革涉及纵向层面，包括中央向广东的放权改革和广东省向市、县、乡镇的放权改革。这里集中讨论后一方面。早在 20 世纪 80 年代，随着中央向广东省放权，广东省就开始积极推动向市、县、乡镇的放权改革。就实质而言，放权意味着给予省以下的各级地方政府更多的自主权；从层级来看，放权涉及省对地市放权、地市对县放权、县（市）对乡镇放权三个层次；从方式来看，既有财政权和审批权的下放，也有综合性的放权；从过程来看，广东的放权改革持续不断，一直延伸到现在。例如，最近一轮放权改革集中表现为向地级市的区和乡镇放权，佛山市顺德区和汕头市濠江区等地放权改革以及在东莞、中山等地推行向乡镇下放权力的改革都可以证明这一点。

2. 还权改革

如果说，放权改革涉及的是纵向层面的央地关系和省与市县的关系，改革主要针对集权主义，那么，还权改革则指向横向层面上国家权力体系与农民、企业等的关系，改革针对的是全能主义。这里以向企业还权为例来分析。在计划经济体制下，政府实际上"拿走"了属于企业的权力，企业缺乏自主权，经济发展没有活力。因此，搞活经济的关键在于权力部门向企业还权：用任仲夷的话说，这是"还给"而不是"给予"。在这方面，广东省的各级权力部门起步较早，动作较快，采取了各种扩大企业自主权的改革措施。在 20 世纪 80 年代初期与后期，广东分别出现了向企业还权、增强企业自主性的"清远经验"和"江门模式"。正是随着广东各级政府向企业逐步的还权、扩权，政府与企业开始逐步分离，企业也因此获得了属于自己的自主权。

3. 限权改革

针对全能主义的改革不仅包括国家权力系统向农民、企业等归还自主权的还权改革，还涉及限定国家权力运作范围的限权改革。如果说限权改革是政府的自我革命，那么，行政审批制度改革就是这场自我革命中的攻坚战，是政府限权改革的重要体现。广东不仅在全国很早就打响了这场攻坚战——早在 1997 年，深圳即开始对政府审批制度进行改革，而且大有将这场攻坚战进行到底的气势：从 1999 年至今，广东先后进行了多轮行政审批制度改革。广东推行行政审批制度改革的重要成果不仅在于减少了行政审批的事项、改变了行政审批的方式，更重要的是，通过行政审批制度改革，政府开始根据《中华人民共和国行政许可法》的规定确立其行政权力的范围、设定其权力运作的边界。换句话说，行政审批制度改革推动了广东各级政府在依法自我限权的改革进程中向法治之下的有限政府转型。

政府把权力放回给企业，放回市场，也是放回社会和放给社会公民。改变了传统的社会资源由行政权力垄断，整个社会经济活动行政化和政治化的经济体制，也就必然改变政府与企业、政府与市场、政府与社会及公民的政治关系，促进民间经济与社会的形成，产生利益多元化，得到经济活动上的自由。

（二）政府的两次角色转型

改革开放以来，广东权力体系的变化不仅包括上述权力关系的调整，而且还体现为政府角色的两次转型。

第一次转型具体涉及两个方面。一方面，从革命斗争型政府向经济建设型政府转型：在执政党和国家以经济建设为中心的发展战略下，随着我国制度环境的三大变化（产权地方化、财政分权以及以经济绩效作为官员晋升的主要标准），广东的各级政府官员与其他地区的政府官员一样，不仅为经济增长而竞争，而且为政治晋升竞争（又称"竞标赛竞争"），由此，各级地方政府很快实现了向经济建设型政府的转型。另一方面，政府从以前经济活动的计划者、控制者向市场经济规则的制定者、宏观经济的调控者、市场秩序的监管者逐步转型；这一层面的转型在广东虽然取得了很大进步，不过，至今尚未完全结束。

进入 21 世纪后，随着城乡差距的拉大、区域发展不平衡的加剧和贫富悬殊的急剧分化，广东各级政府开始从单纯重视经济增长的经济建设型政府向经济建设和社会建设并重、以公共服务为宗旨并承担服务责任的公共服务型政府转变。这种转变具体体现在完善政府的公共服务体系、健全公共财政制度、创新政府的公共服务流程等诸多方面。目前，向公共服务型政府的转型远未到位。

（三）充分发挥社会组织的作用

作为市场经济的推手，广东社会组织在建立和完善社会主义市场经济体制，塑造政府、市场、社会三方新型关系方面发挥着重要作用。广东社会组织整体实力和综合水平国内领先。

1. 社会组织发挥的主要作用

（1）承担行业管理、协调、服务等公共职能。广东省食品行业协会、广东省医药行业协会制订了广东省食品医药行业自律管理规范和社会责任标准，成为全国食品医药行业首个地方标准。广东省美容美发化妆品行业协会、深圳市家具行业协会、深圳市钟表行业协会等行业协会通过举办权威展会，打造商务促进平台，对支撑行业发展起到了重要作用[1]。

广东省皮具箱包流通协会为应对国际金融危机对广东皮具业的严重冲击，积极带领皮具企业走出去，到全国各地和俄罗斯、东盟、拉美等地区开拓市场，与河北辛集、安徽合肥、浙江诸暨、湖北鄂州等地的皮革城建立合作关系。

湛江市水产品进出口企业协会积极应对美国对我输美冻虾反倾销案，为湛江一家冻虾外贸企业成功争取到零关税待遇。

（2）带动各地区招商引资、区域合作。作为产业和区域发展的主要促进力量，广东社会组织积极发挥自身优势，协助各地引资引智，促进区域和国际合作，推动产业转型，协调企业行动，维护本国企业利益，支持企业走出去。

深圳汕尾特别合作区在 2011 年 5 月成立后，深圳 20 多个行业协会商会组织了大批企业前往洽谈投资。深圳市汕尾商会 2012 年 8 月成立，短短数月，会员单位达到近 600 家，企业注册资金总额达 90 多亿元，并获得多家银行上

---

① 孙常辉. 区域经济发展中的政府与市场 [M]. 太原：山西经济出版社，2019.

百亿元的授信额度。该商会还积极组织汕尾籍企业家回家乡投资。

佛山市围绕十大优势传统产业，联合市机械装备、陶瓷、纺织服装、铝型材等行业协会制订四个行业"质量提升、效益提升"行动计划，鼓励传统优势产业行业协会积极应用信息化等新技术发展创新组织生产模式。陶瓷行业协会率先提出"产业＋互联网＋金融资本"改造方案，整合陶瓷资源，加快众陶联平台建设，打造中国最大的陶瓷产业链服务平台。此外，广东社会组织在参与研究制定低碳经济政策、推广节能技术、宣传环保消费等方面也发挥了独特作用，体现了经济效益与社会效益的完美结合。广东省水泥行业协会协助政府部门淘汰落后水泥产能5169万吨，并协助做好有关员工的后续安抚工作。

（3）试水自办平台，支撑行业繁荣。为发挥广东各类社会组织的优势和积极性，"十三五"期间，广东省将支持有条件的社会组织自己创办一批具有产业支撑、行业支撑作用的战略性发展平台，鼓励长期举办，办出水平，办出成效。

支持行业协会商会创办区域性、全国性乃至全球性的展览会、博览会、交易会等商务促进平台。对广东省美容美发化妆品行业协会创办的广东美博会、深圳市家具行业协会创办的国际家具展等品牌展会及相关会展产业项目、商贸流通项目、总部经济项目，给予大力扶持，支持其做大做强。支持有条件的行业协会商会创办大型专业市场、专业性商贸城、商品交易广场或全行业大型电子交易平台、网上交易市场。支持行业协会商会创建和托管产业园区、产业基地等产业承载平台。总结推广广东经贸部门为促进产业转移工业园建设实施的政府、产业园、行业协会"三结合"工作机制，鼓励和支持行业协会商会等社会组织利用会员资源和专业优势，创建产业园区、产业基地，或利用各地区现有开发区、产业园区创办"园中园"。倡导各地区将本地部分产业园区交由行业协会商会托建托管。

2. 采取的主要做法

做好顶层设计。2004年，广东开始部署行业协会改革。2006年施行的《广东省行业协会条例》，是全国首个关于社会组织的地方性法规。2008年，广东省委办公厅、省政府办公厅出台《关于发展和规范我省社会组织的意见》。2009 年，民政部与省政府签订了《共同推进珠江三角洲地区民政工作改革发展协议》，明确进一步推进社会组织改革发展的内容。2011 年 7 月，省委十届九次全会通过了《中共广东省委、广东省人民政府关于加强社会建设的决定》。2012 年 4 月，省委、省政府出台了《关于进一步培育发展和规范管理社会组织的方案》，省民政厅印发了 5 个配套文件。2014 年，《广东省社会组织条例》列入省人大立法计划。顶层设计目标方向明确，广东社会组织改革发展方向积极，步骤稳妥。

改革管理体制。着眼于建立民政部门直接登记的体制，广东在全国率先将行业协会业务主管单位改为业务指导单位，实行"五自四无"。2009 年，改革拓展至异地商会、公益服务类和部分经济类社会组织。2012 年 7 月，除法律法规规定需要前置审批的以外，社会组织均由民政部门直接审查登记。宗教类和涉及意识形态、政治、法律等特殊领域的社会组织，严格实行双重管理。同时，稳步推进社会组织去行政化、去垄断化改革，从行业协会一业多会入手，鼓励社会组织通过竞争，优胜劣汰。截至 2014 年 12 月底，全省各级民政部门登记成立社会组织 45640 个，其中社会团体 20887 个、民办非企业单位 24202 个、基金会 551 个。

加大扶持力度。降低门槛，在全国率先放宽异地商会、校友会登记。建立专项资金，省财政厅会同省民政厅通过第三方竞争性评审，连续两年扶持新成立的社会组织 774 个，资助 1.77 亿元。省民政厅以项目引导的方式，安排 2000 万元省福彩公益金资助社会组织开展公益慈善项目 150 个。建立孵化基地，广州、深圳、珠海、佛山等地共建立社会组织孵化基地面积 3.3 万平方米，249 个社会组织入驻。拓宽协商民主渠道，省第十一次党代会中，社会组织党员代表 50 名，占总数的 5.5%；省十二届人大常委会增加社会组织作为一大类，分配代表名额 9 个；惠州市博罗县在政协中设立"社会组织"界别；省青联第十届委员会增设"社会组织"界别。

建立"三个目录"。按照制订目录和办法→设立咨询服务机构→职能转移→购买服务的步骤，积极推进政府转移职能和购买服务。省政府印发了三批《行政审批制度改革事项目录》；省财政厅印发一批《省级政府向社会组织购买服务目录》；省民政厅印发三批《广东省具备承接政府职能转移和购买服务资质的全省性社会组织目录》。省政府办公厅出台《政府向社会组织购买服务暂行办法》，明确购买主体、范围、程序和资金来源；印发《广东省行政审批事项通用目录》，未列入通用目录的行政审批事项，各地、各部门一律不得实施。省、市、县三级对社会组织承接政府职能均作出了制度性安排。

创新党建管理。从 2009 年开始，广东在全国率先成立了省社会组织党工委（已更名为省社会组织党委）、纪工委、团工委、妇工委、工会委员会，并在基层全面建立党群组织。目前，全省共有 20 个地市、59 个县（市、区）成立了社会组织党工委、联合工委，共建立社会组织党组织 6770 个，党员 40550 名，实现党的组织、党的工作和群团组织的全覆盖。同时，形成了党委领导、组织部门抓总、登记管理机关牵头、业务主管单位各负其责的社会组织党建工作格局，建立起省社会组织党委管理支柱产业协会党总支、党总支下设协会党支部的三级组织管理体制。落实省级社会组织党建工作经费 1307 万元。

强化监督管理。加大执法监察，加强联合监管，将社会组织纳入市场监督体系建设和社会信用体系建设之中，开展百家社会组织食品安全诚信倡议、百家公益慈善类社会组织预防腐败倡议。引入社会监督，深入开展社团组织行业自律，建立广东社会组织公共服务信息平台，公开社会组织活动信息。完善自我监管，制订了行业协会商会十项内部管理制度示范文本、换届选举指引、章程范本、基金会运营行为指引等管理制度。

二、深圳采用到位而不越位关系模式

1980 年 8 月，中共中央决定在深圳、珠海、汕头和厦门建立特区。在 40 多年里，深圳由东南边陲一个不到 3 万人的小镇，发展成为人口和经济规模位居世界城市前列，创新力和影响力卓著的国际化大都市，创造了世界现代化、城市化的奇迹。深圳经济社会发展成就、路径和模式，引起了学者们的关注和研究。不同学者从不同侧面，解读深圳经济社会发展的路径和模式，如尤建新等考察了深圳的创新模式，认为深圳是资本化手段与社会主义制度结合、经济自由化实践远超出新自由主义的城市发展模式。

深圳的发展，首先得益于得天独厚的地理位置和中国适逢其时的开放。深圳毗邻港澳地区、面向东南亚，极大方便了中国香港、新加坡地区的产业转移，容易接受香港等现代化大都市的辐射带动作用。设立经济特区以后，来自中国香港以及世界范围内的纺织、电子装配等劳动密集型企业纷纷投资深圳，为深圳的发展注入了原始的动力。地理位置的优越、优惠的政策、廉价劳动力近乎无限供给，在这一时期对深圳吸引外资有很强的促进作用。20世纪80年代的深圳由此纳入国际贸易分工体系，利用廉价的劳动力成本、国际国内两个市场的相对优势，按照"三来一补"（来料加工、来样加工、来料装配和补偿贸易）的方式发展劳动密集型产业，发展出口创汇型经济。国内外投资者的集聚，逐步形成规模效应，随着参与国际产业链分工的深化，电子信息产业等一大批新兴产业得以集聚，形成了完整的产业链条和产业集群，以加工装配为主的低附加值环节逐步向自主研发等高增值产业链环节延伸。时至今日，深圳已经具备强大的产业配套能力。深圳通过加工贸易积累了"第一桶金"的同时，整个社会的产业结构也在悄然调整，深圳在承接国际产业转移的过程中，也完成了自身经济结构的转型升级，形成了自己的优势产业集群，经济结构由以第一产业为主导的农业经济转型为以工业和服务业为主导的现代经济，具有较强竞争力的现代经济体系渐趋成型。

深圳成为发展速度较快、发展质量较高、经济规模总量在全球城市中具有重要地位的一线城市。同时，率先对社会主义市场经济的体制机制进行探索，是深圳经济特区对国家改革开放的一个重大使命和贡献。改革开放以前，中国内地仿照苏联社会主义模式，实行严格的计划经济体制，以国有企业为主体的公有制企业占据绝对主导地位。而深圳的改革开放正是在原有的社会主义制度框架内，通过赋予一定区域的国土实行"例外主义"的权力，探索发展商品经济的路子。市场和计划是配置资源的两种不同的手段，且配置资源的效率也不同。在计划经济体制下，政府部门尤其是主要领导干部的意志对资源的配置影响较大，因此，"找市长"是计划经济体制和关系社会中，企业生存发展的一个重要法宝。但是，在市场经济中，当市场供需关系对资源配置起决定作用时，企业的生存发展则更需"找市场"。形成了一个相对成熟的市场机制，并通过这一机制配置资源，是深圳经济保持活力的重要制度基础。

综观深圳发展模式的成功，最基本的经验在于尊重产权，尊重市场，让市场在资源配置中起基础作用。为此，政府与市场环境和社会力量形成了良性互动，在世界经济发展的大潮下，成功实现推动经济发展由单纯依靠廉价劳动力等原始因素，逐渐转变为依靠创新力驱动。科技创新、新兴产业在深圳经济社会发展中占有重要地位和作用。尊重产权、尊重市场，也塑造了深圳的企业家精神，给知识、资本和劳动以合理的价值回报，成为深圳企业家的重要经营理念和原则。以华为、万科等为代表的公司，在股份化过程中推行的员工持股计划（劳动雇佣资本），为公司发展注入了持久的动力与活力。

总结、梳理深圳市建立社会主义市场经济的进程，我们发现，深圳经济社会发展从"三来一补"的出口加工模式，到成为国家创新创意之都的过程，走的就是一条后发现代化地区典型道路；后发现代化国家的经济发展离不开政府的影响和推动。在深圳经济社会发展过程中，政府的力量同样体现在各个方面，但是政府"到位而不越位"的角色，被认为至关重要。到位而不越位的政府角色表现为以下几个方面。

（一）实施保护各类产权

产权清晰是市场经济发展的前提条件，让投入者有合理回报，是一切产权制度的核心要义。如果说深圳的崛起缘于独特的历史机遇、区位优势和宽松的政策环境，那么，让投入者得到合理的回报，则为深圳经济的持续快速稳健增长提供了持续的利益诱因和动力源泉。如今深圳依然保持着经济快速发展的势头，这得益于深圳创新驱动发展模式和良好的城市发展环境，也得益于深圳市委、市政府积极作为，不断优化政府公共职能，对劳动、资本以及知识等产权的保护，通过制度保障投入者获得合理的回报，激发了各类生产要素的积极性，各类生产要素的活力竞相涌流，极大地推动了社会的创新创业活动。

产权保护一直是深圳市制定的经济政策中的重要部分。目前，深圳各类要素市场的法规体系已比较健全，有效维护了各类要素市场的正常运行。无论是劳动、资本还是土地，凡是生产要素的所有者利用自身所拥有的要素合法经营、诚信劳动，都会获得与其投入相对应的收益。以劳动者的合法权益为例，当中国内地的绝大部分地区还在吃"大锅饭"的时候，深圳已经开始鼓励按劳分配，多劳多得，劳动者可以通过自己的劳动付出实现致富。深圳从制度层面不断保障劳动者的合法权益，1983 年 8 月 26 日，颁布《深圳市实行劳动合同制暂行办法》，以政府规章的形式打破固定工制，实行劳资双方双向选择，打破"铁饭碗""大锅饭"，建立了以市场为导向的劳动用工制度，首开劳动力商品化先河，激发劳动者活力；1986 年，在全市推行全员劳动合同制，对企业干部职工实行合同化管理，进一步确立了劳动者择业自主权和企业的用人自主权；1994 年 8 月，颁布《深圳经济特区劳动合同条例》，劳动合同制成为深圳企业最主要的用工形式。一系列劳动用工制度改革，不断优化了劳动者的收益结构，极大地刺激了劳动者的生产积极性。

深圳较早开展国有产权制度改革，在国内较早着手进行国有企业体制改革，建立"国有资产委员会—资产经营公司—企业"三个层次的国有资产监管和运营新体制，实现了政企分离。同时，积极探索国有企业股份制改革，扩大企业自主权，确立了股份有限公司的法律地位，首创国有出资人制度，实现了资产所有者职能与公共管理职能的分离；同时，重视培育民营企业，对外来投资者的利益予以保护。近年来，深圳市积极落实国务院《关于进一步加强资本市场中小投资者合法权益保护工作的意见》，通过设立深圳证券期货纠纷调解中心，积极探索投资者权益救济新渠道；重点打击社会影响恶劣的非法证券活动；推动上市公司强化投资者关系管理，维护投资者知情权、参与权与市场信心等措施保护投资者合法权益。深圳证监局大力推动上市公司完善投资者回报机制，及时制订专项工作方案，组织对辖区上市公司的章程逐家进行审阅，对公司章程未明确现金分红规定以及未按照章程实施分红的公司，逐家实施约谈，引导、督促有关公司制订股东回报规划、完善利润分配决策程序和机制、明确分红政策，并通过修改公司章程予以固化，通过公开披露增强透明度和约束力，切实让投资者得到公正合理的收益。

（二）营造良好的创新环境

科技创新对经济发展有很强的推动作用，创新驱动是深圳在越过重工业发展阶段弯道超车发展高科技产业的重要动力。罗斯托在解释欧洲"起飞"的问题时，将科学革命作为分水岭。乔尔·莫基尔认为，技术演变处于现代经济增长中的核心地位。罗默的内生经济增长模型，揭示了知识和技术研发是经济增长的源泉。从近代欧洲社会的发展史来看，科技进步的确是推动社会变革的重要力量。每一次科技革命，都会对社会结构产生深远的影响。熊彼特指出，推动经济增长和发展的原动力在于创新活动，而创新活动最终能否实现，则取决于创新者能否得到金融上的支持，有效的资本市场背后，是一整套有效的金融制度。也就是说，使新想法、新理念转化为推动社会变革的生产力，还需要一系列经济、金融制度的支持。与熊彼特不同，诺斯等新制度主义经济学家认为，创新对社会的影响，有赖于产权制度的界定，他在《西方世界的兴起》中进一步提出，一个国家和地区的兴起，其根本原因不是技术进步，而是能够激励技术进步的制度框架，尤其是关于产权的制度框架。西方社会崛起的真正动力是产权保护，特别是对企业产权、知识产权以及继承权的保护。

这些对创新在经济社会发展中重要作用极具洞察力的分析，给深圳发展社会主义市场经济提供了有益的启示。从 20 世纪 80 年代起，良好的市场环境建设和产权制度改革便伴随着深圳经济特区发展的全过程。与内地一些地区"大政府、小社会"的治理方式不同，深圳市政府部门从一开始就扮演着"有限政府"的角色，只对经济进行宏观调控引导，而不过多地涉足企业经营问题。无论是对劳动者合法权益的保护，还是对知识产权的保护，政府更多的时候是为市场经济主体的运行搭建一个制度框架，而具体的表演则交给经济舞台上的主体，甚至有时会提供税收等政策方面的优惠。

深圳充分利用特区立法权，通过制定地方性法规、条例等多种形式对劳动者的权益、科技人才智力成果以及民营企业的资本投入等合法权益进行保护，营造了一个鼓励创新行为、支持创新活动、保护创新成果的良好创新环境，有效吸引、集聚了全国甚至全球的创新资源，形成了科技创新与金融创新的深度融合，以企业为主体、产学研一体化的创新模式和创新环境。在推动科技创新的同时，深圳不断推动金融创新，减少创新创意落地环节，减少从科技研发到生产力转化的距离，尤其重视对产权的保护，尽可能激发各种市场主体的创造力和创新的积极性。

为提升科技进步对经济发展的贡献率，深圳积极引进和发展高新技术企业，给予科技企业发展和科技人才利益以制度保障，不断提高科学技术对生产力的贡献率。1987 年，深圳在国内率先出台《关于鼓励科技人员兴办民间科技企业的暂行规定》，提出科技人员可以以现金、实物、个人专利、专有技术、商标权等投资入股创办民营企业，获得对其智力产品的红利收益；1998 年，颁布《深圳经济特区技术成果入股管理办法》，成为国内最早规定技术成果可以出资入股的城市之一；1993 年 5 月，颁布《深圳市企业奖励技术开发人员暂行办法》，以资金及政策优惠等形式鼓励企业加速科技成果商品化，当年 6 月再次颁布《深圳经济特区民办科技企业管理规定》，对内地科技人员来深圳创办科技企业给予优惠政策；1994 年，专门涉及知识产权的条例《深圳经济特区无形资产评估管理办法》出台；2000 年 10 月，深圳国际高新技术产权交易所成立，主要交易对象为高新技术成果、项目以及成长型企业产权，为深圳及全国高新技术产权交易提供了平台，实现以市场化机制为科技成果定价；2009 年 10 月，深圳率先成立全国区域性非公开科技企业柜台交易市场——深柜市场，为中小企业和科技成果转化提供包括私募融资在内的综合金融服务，在研究开发、投资担保、人才引进、技术入股等方面为科技创新和科技向生产力的转化创造了良好的政策环境。尊重智力成果，发挥人才作用，提升了各类人才来深就业、创业的积极性，促进了深圳市高新技术产业的迅速崛起。

（三）提倡以顾客为中心的服务理念

企业赢得市场的两个基本手段即产品质量和价格，但是，随着科技创新的扩散和生产效率的提高，产品的质量和价格逐步接近时，企业竞争力的另一个重要来源——服务——显得尤为重要，其内涵也更加丰富，不同企业间也难以完全复制和趋同。服务逐渐成为企业竞争的焦点，关乎企业的生存发展。在市场经济中，服务文化是深圳城市文化特质对经济社会发展影响的另一个重要体现。国有企业因为其经营模式僵化，对经济绩效重视程度不够，"铁饭碗""大锅饭"对员工的有效激励不足，员工依然作风散漫，不仅效率低下，服务态度更是令人难以接受。深圳的经济结构与国内其他城市相比具有明显差别，国有经济、中外合资经济、股份经济、私营经济、外商独资经济多种成分并存，不同的经济派生出多元的亚文化，服务文化便是其中一种重要的文化元素①。

与传统的国有企业不同，民营企业的生存和发展的关键在市场、在顾客，对效率和市场的依赖性更强。作为内地民营经济最发达的城市之一，深圳企业家和员工都具有浓厚的市场意识和服务意识，形成了一种企业要生存、要发展，需要"找市场而不是找市长"的理念和行为方式，这是民营企业在市场化生存竞争压力下形成的一种突出的思维观念。以顾客为中心的服务理念体现在深圳的绝大多数企业文化之中，成为企业吸引和留住顾客、争取市场份额的重要手段。华为一直以来都坚持以消费者为中心的核心价值观，旨在为用户提供更为优质的服务，推出了 24T 服务理念，力争在任何一家华为专卖店，顾客都能享受购买无忧体验和产品享乐体验，以及热情、专业、高效的服务。通过这些细致入微的服务措施，提高顾客对产品和企业的认可度。当然，深圳企业的服务理念也体现在众多日常的细节之中。如果一名顾客在就餐时手机临时需要充电，深圳几乎每一家餐馆，都可以满足顾客的这一需求。这种以顾客为导向的企业价值理念，是深圳众多企业得以生存发展的根本之道，也是目前深圳城市竞争力的源泉。今天，国内众多的省份和城市，不惜出台较大力度的政策优惠加入人才争夺大战。在深圳，尽管目前的大学规模偏小，但是全国其他地区重点大学培养的学生中有很大一部分会流向深

---

① 马敏，谢志岿. 移民社会与深圳城市文化特质 [J]. 特区实践与理论，2017（3）：35.

圳，为深圳经济发展注入活力和智力支持。这一方面取决于深圳高端企业云集、个人职业发展前景广阔这一经济诱因，同时也得益于深圳良好的人文环境和社会公共服务氛围，城市移民文化等软实力，正在成为城市核心竞争力的重要来源。

（四）构建多主体共同治理的格局

深圳信奉"有限有为政府、有效有序市场"这一信条，尊重市场、重视发挥市场在配置资源中的基础作用，尽量减少对市场的不当干预，注意通过法治来维持市场秩序，规范政商关系；又充当看得见的手，通过必要的规划、财政和金融干预手段，依靠市场的力量推动经济的发展。深圳获得立法权之后，积极推进依法治市，在经济立法、社会立法和行政立法方面都取得了显著成就。为规范市场价格，应对价格失灵，1995 年 11 月深圳制定特区第一部地方性价格管理法规《深圳经济特区价格管理条例》；1999 年 1 月，深圳市委发布《关于加强依法治市，加快建设社会主义法治城市的决定》，提出从九个方面实现行政机构和行为法定化，规范政府行为，提高行政效率，促进廉政建设，建立"高效、务实、廉洁"的服务型政府；2000 年 10 月，发布《深圳市行政机关规范性文件管理规定》，对市政府及其工作部门、各区政府制定的规范性文件实行统一审查、统一要求、统一公布，凡不按"三统一原则"制定的规范性文件不具有执行效力。深圳还建立了政府法律顾问制度，通过前移审查关口将政府行为导入法制轨道，为政府重大决策、行政行为及重大合同行为提供法律意见，有效避免了决策错误和行政违法。为规范行政审批权，完善商事登记制度，健全市场监管体制，深圳市出台了《深圳经济特区商事登记若干规定》，放宽登记条件，降低准入门槛，推行注册资本登记改革，变"实缴"为"认缴"，企业注册程序更加便捷，注册成本大大降低。

在通过法律手段规范行政部门的审批手续的同时，深圳市委、市政府及时根据经济社会发展的客观需求，进行商事制度改革。2001 年上半年，深圳宣布推行"政府提速"运动，目标是进一步革除一些政府部门懒散和僵化的作风，提高政府的运作效率；2003 年，市政府颁布《关于为我市大企业提供便利直通车服务的若干措施》，要求"市政府有关职能部门应设立大企业'直通车'服务窗口，为大企业提供业务申请、咨询、指导、督办及投诉受理等服务"。近年来，深圳紧紧依托互联网给社会治理带来的便利和契机，大力发展"互联网政务服务"。2015 年 7 月，深圳即在全国率先实施"多证合一、一照一码"，经过几年的实践，深圳商事改革不断走向完善。2018 年 7 月 3 日，深圳出台《深圳市 2018 年推进"多证合一"信息共享改革工作方案》，逐步将包括营业执照、组织机构代码证等在内的涉及 40 多个部门的 30 多个证照"合一"，通过行政审批部门间的数据共享，基本实现企业"一表申请、一次登记、一码通行"[①]。深圳市委六届九次全会提出"打造智慧城市新动力"，营造更加市场化、国际化、法治化的营商环境等改革任务。深圳市政府积极推动各行政部门运用现代信息技术，重构审批业务规则，通过全程网上办理，实现申请人和审批窗口工作人员不需要见面就能审批办结的"不见面审批"模式，在市场监管、人力资源保障、公安、交通运输、住房建设等领域推出 11 类 100 个"不见面审批"服务事项"100% 网上申报、100% 网上审批"，极大地提高了行政审批效率，降低了各市场主体办事成本。政府的高效服务，降低了营商成本，极大地促进了营商便利化，政府对市场较少的直接干预，也使得深圳成为中国内地市场经济发展最成熟的地区。对产权的尊重保护以及一系列制度创新，也极大地激发了全社会创业活动，截至 2018 年 6 月，全市商事主体达 319.7 万户，居全国大中城市首位，是全国商事主体规模和密度最大的地区[②]。

　　除了运用经济手段引导市场要素流动和法治手段维持稳定的社会秩序，深圳还大力发展公共服务，完善收入分配，营造共建共治共享的社会治理格局。为实现有效的社会治理，积极动员和组织深圳市民和社会组织加入改革发展的洪流中去，不断转变执政理念，让权于民，让权于社会组织。率先在全国探索实行社区居民民主选举、推进业主委员会依法自治管理，建立起社会听证制度、民生民主、人大代表工作室制度以及社区居民自治等多种形式

---

① 李佳佳."三十证合一"，深圳商事制度改革继续领跑全国 [N]. 深圳商报，2018 – 07 – 13.
② 何泳. 深圳新登记外资企业大幅增长 [N]. 深圳特区报，2018 – 07 – 18.

的民主机制，保证社情民意充分反映给决策者和政策制定者，从而保证政策的科学性和民主性。

政府在动员基层民众广泛参与社会治理的同时，还不断加强对民众的组织引导。深圳通过购买服务，实现"费随事转"，以项目性资助扶持社会组织发展，从而形成政府与社会之间的契约式合作伙伴关系。深圳市实行行业协会由民政部门直接登记的管理体制，推动行业协会民间化改革，探索行业协会及其他组织直接登记，为社会组织发展让渡空间。通过对公民和社会组织的引导，将公民和社会组织对社会管理和公共事务的关注和意愿表达纳入法制化、有序化的轨道，使社会组织成为深圳推进和谐社会建设的积极力量，初步形成多元治理的新格局。政府不再是唯一的公共秩序提供者，也不再是唯一的社会治理者，政府、社会组织以及普通民众的共同参与构建起了多层次、多主体的共治格局。

（五）塑造包容、进取、重视诚信和契约精神

包容、进取、重视诚信和契约精神的城市文化作为一种社会力量，与降低营商成本、产权保护制度等为主要内容的行政力量共同为深圳经济社会的发展创造了便利的条件。重产品、重能力、重契约而不是重社会关系，使得市场交易成本大大降低，有利于提高社会整体的经济效率。这也是国内许多企业成立在外地但最终选择将公司总部设立在深圳的原因之一。良好的企业发展环境为深圳吸引世界各地的资金、技术和人才等创造了有利条件。

深圳由一个以熟人社会、宗族社会为基础的沿海小镇转化为一个以移民占主体、人口快速流动为特征的生人社会，深圳移民社会的结构特征，对培养公民的契约精神十分有益。移民社会与其他本土人口占主体的社会不同，社会个体之间缺乏持久且浓厚的宗族、血缘和乡土地缘等纽带，也缺乏传统的聚落或社区舆论或团体压力机制，因此人与人之间的信任更多依靠陌生人社会之间的信任机制，而非熟人之间的裙带关系，这体现在深圳对契约和法制观念的重视，契约精神也因此深深地熔铸在深圳企业家的骨子里。万科创始人王石指出，深圳商人靠的是契约，契约精神是深圳商人内在的基因，而

这种精神更多的是建立在平等、自由而非特权基础之上。这也是深商区别于传统的徽商、晋商、浙商和潮汕商人等四大商帮的重要特征，其结构构成上真正地具有跨地域、跨文化的特征。

除了契约精神，移民文化因为其独特的人口结构与特殊的生存压力，还产生了其他一些特质，如移民文化更具开放包容、开拓创新精神等，这些特质与深圳经济社会快速发展息息相关。深圳成功的重要原因之一，是形成了创新、开放、包容、公共精神、权利意识、法治意识、市场意识以及科技、效率和务实精神等特质。文化作为上层建筑，对经济基础具有反作用，一种适合现代性精神的文化，对于社会的现代化发展也提供了强大的精神动力。深圳移民文化的开放性和包容性，对吸引资金、技术和人才具有很强的优势。深圳文化原属于岭南文化的一个分支，特区成立后，来自全国各地的劳动者数量迅速超过了原住居民，加之海外其他国家人口的流入，深圳人口逐渐多元化，形成了文化的融合，各种各样的人都能够在这里找到适合自己的生活方式，各种文化群体都能在这里找到归属感。因此，"来了就是深圳人"，一句话道出了深圳聚天下英才而用之的博大情怀，也降低了外来人口在深圳就业、创业的心理门槛，这对吸引资金、人才起到了积极的作用。

深圳城市建设的主体是外来流动人口，而那些离开家乡到深圳创业和工作的移民，大都怀抱梦想，富有开拓进取的精神。他们不远千里，离开家乡来深圳打拼，陌生的地域、陌生的环境造就了这些人敢打敢拼、吃苦耐劳的精神，唯有如此，才可能生存下去。他们不满足于原生活地区的生活，具有追求新的生活的激情和梦想，也更愿意为了生存而付出更多的努力，这些流动到深圳的"淘金者"要比普通的劳动力更具开拓精神，这为他们在深圳干事创业塑造了优质的个人品质。创新精神是深圳移民文化的另一个特质，也是深圳经济社会得以发展的精神和灵魂。

三、浙江采用互动中的地方政府角色变迁模式

浙江在改革开放进程中，坚持市场机制和政府调控相结合，一方面，建立健全市场机制，积极发挥市场机制在资源配置中的决定性作用；另一方面，

转变政府职能，科学作为，更好地发挥政府作用，从而形成了政府与市场良性互动、凸性组合的发展模式，为我国实现经济社会全面协调发展探索了一种良好的实践机制。20 世纪末到 21 世纪初，研究浙江模式已经成为一个热点，众多学者从多个角度考察浙江在政府与市场关系上的探索与实践。具体来说，浙江在发挥市场作用、政府科学作为、不同阶段转变政府角色等方面有很多值得外地借鉴的理念和做法。

（一）政府主动转变职能，科学作为

在改革开放进程中，浙江各级党政部门正确引导、科学管理，在浙江经济社会发展中发挥了关键作用。为适应市场经济体制改革的要求，浙江各级政府始终紧紧围绕经济建设这个中心，主动调整政府管理方式，积极探索政府职能转变的途径，政府管理相应地进行了多次广泛而深入的改革，在经济调节、市场监管、社会管理和公共服务等方面发挥了积极有效的作用，成为浙江经济社会健康发展不可或缺的重要保障。如果说群众和基层的创业创新是浙江市场化改革的主要力量，那么政府科学作为、积极转变职能和改进管理方式则是浙江市场化改革取得成效的基本保障。

转变政府职能，实现政府管理的民主化、法治化。改革开放以来，浙江积极推进行政体制改革，创新政府管理方式，精简机构，规范程序，强化服务，提高效率，努力为市场经济发展营造良好环境。历届浙江省委、省政府为转变政府职能和运行机制，在实践中积极探索，形成了具有浙江特色的政府改革进程。围绕不断理顺政府与企业、市场和社会的关系，促使政府从无所不包的全能政府向有限政府转变，浙江省委、省政府根据市场经济发展的客观需要，主动调整经济发展方针，同时积极改革指令性计划管理体制，坚持实行经济民主，还权于民、还权于社会、还权于企业，逐渐从直接参与经济活动向区域管理转变，从行政手段为主向法律和经济手段为主转变，市场主体和市场机制替代传统的政府职能，使政府职能转移到经济调节、市场监管、社会管理和公共服务上来，形成与市场经济相适应的政府职能和运行机制。

政府管理体制和运行机制发生了根本转变。从 2000 年开始，浙江的行政机构改革自上而下全面展开。通过全面的政府管理体制改革和管理方式创新，不仅理顺了政府与企业、市场的关系，厘清了政府与企业、市场的边界，明晰了政府的基本职能，精简了行政机构和人员，而且提高了政府的办事效率。为了进一步提高行政效能，防范有为政府的权力任性，从 2013 年开始，浙江各级政府积极推行权力清单制度，围绕人权、财权、事权，"晒"出详细的权力清单，进一步明确不同层级政府和部门的职能、责任和权力的边界，规范权力运行，让权力在阳光下运行，让公众督促各级政府和部门依法行政，把该负的责任负起来，把该管的事管住管好，从而大大激发了市场主体的主动性和创造性，为浙江经济的提质增效提供了良好的制度环境。尤其是近年开展的"最多跑一次"改革，不仅大大提高了各级政府的办事效率，而且明显改善了政府的形象，适应了新时代浙江经济社会发展对各级党政部门提出的要求和挑战，为各级党政部门的积极作为、科学作为奠定了良好的基础。

政府科学作为，有效治理，促进经济健康发展。改革开放以来，浙江各级党委、政府始终尊重人民群众的意愿和首创精神，以人民群众的要求、愿望和解放生产力、发展生产力作为一切工作的出发点，注重从本地实际出发，根据浙江发展的阶段和实际需要，自觉制定科学的发展规划，起到了统筹发展的良好作用。从"八八战略"到"六个浙江"（"富强浙江""法治浙江""文化浙江""平安浙江""美丽浙江""清廉浙江"）建设，从"两创"浙江到"两富"浙江，再到"两美"浙江建设，浙江省国民经济和社会发展"十五""十一五""十二五""十三五"规划的制定，都体现了浙江经济社会健康发展的清晰思路。为了适应市场经济的发展，浙江各级政府不断改革管理方式，从改革开放初期的顺势而为到现在的科学有为，积极为市场体制的完善提供各种法规和政策支持，从宏观上引导经济健康发展。

坚持共享发展，积极发挥公共财政的调节作用，为经济发展创造良好的社会环境。改革开放以来，浙江历届省委、省政府始终把关注民生、重视民生、保障民生、改善民生作为政府的基本职责，建立健全公共财政体制，加大公共财政对民生问题的投入力度，把更多的财力投到解决群众最关心、最直接、最现实的利益问题上。各级党委政府长期坚持"就业优先"的基本政策，实施积极就业政策，重视发展能多吸纳劳动力的各种就业形式，极大改善了浙江创业和就业环境，通过扩大就业保障提高了全省居民的生活水平，并有效降低了贫困面。全面深化社会保障制度改革，加大公共财政对社会保障的投入力度，扩大养老、失业、医疗等社会保险的覆盖范围，让日趋庞大的公共财政完全"用之于民"；在全国率先建立健全城乡居民最低生活保障、医疗、教育、住房、养老等救助制度。加快农村地区基础设施建设，推动农村经济发展，有效地缩小了城乡差距；通过"山海协作"等方式，缩小发达地区和欠发达地区的发展差距，较好地解决了地区间经济社会发展不平衡的问题。在统筹规划和充分论证的基础上，浙江各级党委、政府适时采取措施，通过公共财政、转移支付等一系列方式，为各个社会群体提供必要的公共产品和公共服务，努力实现经济社会的全面、均衡发展。坚持"绿水青山就是金山银山"的发展理念，全面开展"五水共治"专项工程，积极开展美丽乡村建设，加大公共财政向农村倾斜，加快城市基础设施向农村延伸，加速公共服务向农村覆盖，形成了城乡互动互促的机制，取得了明显成效。与其他省份和地区相比，浙江之所以较早出现留守儿童数量下降趋势，正是因为浙江近年来统筹城乡发展的必然结果。近几年来，浙江省各级党委、政府干在实处，走在前列，积极探索建立健全为民办实事的长效机制，以就业和再就业、教育、医疗卫生、社会保障等十大领域为重点，不断拓展为民办实事领域，不仅使全省人民的获得感和幸福感不断提高，而且为市场经济健康发展保驾护航。

（二）充分发挥市场作用

改革开放以来，浙江的市场化、民营化改革一直走在全国前列。无论是改革开放初期争论不休的"温州模式"、后来异军突起的"义乌模式"，还是当前引起全国普遍关注的"浙江现象""杭州样本"，其特点首先都是活跃的市场经济。人们一讲起浙江，首先想到的是浙江活跃的市场表现。作为全国最先步入市场经济、市场化程度最高的省份之一，浙江人不仅市场意识强，而且在构建市场体制方面有很多独创之处，已经走出了一条有浙江特色的市场经济发展之路。坚持不懈地走以市场化为导向的改革开放和发展之路，充分发挥市场作用，是40多年来浙江经济迅速崛起的奥秘所在，也是浙江经济社会持续健康发展的基础。

大力推进市场化进程，充分发挥市场主体创新创业的积极性。改革开放40多年来，浙江最引人注目的现象是充满活力的民营经济。这是浙江率先进行市场化改革的必然结果。早在20世纪80年代初，温台地区就提出了"不论成分重发展，不限比例看效益"的口号，对个体私营企业发展采取默许和支持的态度。灵活的市场机制、竞争性的市场力量对浙江的微观主体形成有效的激励，浙江老百姓的创业激情得到了充分的激发，个体民营经济迅猛发展，使浙江经济充满活力。千千万万个走南闯北的浙江老板以"走遍千山万水、说遍千言万语、想尽千方百计、历经千难万险"的"四千精神"，创业致富；浙江老百姓"不找市长找市场，不叫下岗叫转岗"，自谋出路、各显神通，形成了千家万户办企业、千军万马闯市场的波澜壮阔的经济发展大潮。

积极培育市场体系，充分发挥市场在资源配置中的决定性作用。市场具有实现经济繁荣的能力。市场作为一个交换系统，是交换的场所和机遇所在。买卖双方相聚于市场之上，并在那里定出价格。市场能够借助价格形成对行为的刺激来控制产品及服务的生产与分配，将资源引导到其最有价值的用途，从而实现"帕累托最优"或经济效率。浙江经济发展的一个重要特色就是专业市场和特色产业互为依托、共同发展，或者是产业催发市场，或者是市场带动产业，市场优势与产业优势相互结合，相互促进，从而推动了浙江经济持续快速发展。改革开放初期，富有商业传统、吃苦耐劳、敢为人先的浙江人，从恢复和发展农村多种经营、发展社队企业和家庭工业起步，从流通领域改革入手，放开城乡农副产品市场和工业小商品市场，形成几十万购销大军，建设专业批发市场，生产要素开始通过市场来配置。大量交易规模庞大的专业市场使成千上万的中小企业可以共同分享由巨大的人流、物流和信息流所形成的营销规模经济，极大地降低了企业的交易费用，提高了社会资源的配置效率。更重要的是，商品市场的发展还带动了资本、劳动力、技术、信息等生产要素的流动、交易和重组，引发了生产要素市场的发育壮大，促进了功能比较齐全的市场体系的形成，从而为浙江经济发展奠定了良好的制度机制。市场体系的率先发育，市场机制的日益完善，不仅使浙江人的市场观念、创新意识、经营机制、用工和分配制度等方面发生了变革，而且极大地提高了社会资源的配置效率，使浙江从一个经济发展处于全国中游水平的农业省份一跃而成为主要经济指标居于全国前列的经济大省。

发挥市场秩序扩展作用，促进社会自由、公正和信用秩序。浙江经济社会发展的一个重要特点就是充分依靠市场机制来扩展自由秩序，促进社会公正，建设市场信用秩序。作为一个在经济体制改革方面一直走在全国前列、民营经济高度发达的市场大省，浙江在40多年的改革发展历程中，在培育市场体系方面，特别是在减少政府行政干预、为市场体系的自主发育创造宽松的政策环境上，积累了许多成功的经验。浙江较早进行了市场取向的改革，提出了"不论成分重发展，不限比例看效益"的口号，不唯上、不唯书，只唯实，对个体私营企业发展采取默许和支持的态度，为创业者提供平等的机会，努力使"前程为人才开放"，使"职务和地位向所有人开放"。浙江体制改革和经济发展的过程不仅是一个市场机制促进自由、公正秩序的过程，而且是市场信用秩序扩展的过程。改革开放之初，一些浙江厂家生产假冒伪劣商品，尤其是一些温州商人制假售假甚至坑蒙拐骗，在当时造成恶劣的影响。这样做的后果是，人们不再购买他们的产品，不再与他们交易，导致这些厂家、商人的利益亏损，损人即自损。20世纪八九十年代，温州厂家和商人痛定思痛，自觉重塑产品形象，从损人利己转向利他利己。这种市场信用的进步体现了市场制度的规范作用。随着浙江市场机制的逐步完善，公平、公正竞争的市场规则体系得到了维护，市场竞争机制在市场信用建设中的自我净化作用得到了显现：一方面，大批缺乏诚信意识的市场主体，在日益激烈的市场竞争中被逐步淘汰出局；另一方面，市场竞争不断提高信用、信誉的价值，市场的"无形之手"不断引导着市场主体注重长远利益，讲求信用，致力于打造企业和产品的品牌效应。经过这些年的努力，浙江迅速崛起了一大批注重质量、注重品牌、注重信用的企业，形成了一大批信誉好、市场占有率高的品牌产品。

（三）政府角色提供了制度创新的启示

除运作优势外，地方政府的角色转换，无疑起到了关键性的作用。从 20 世纪 80 年代默许基层群众为解决自己的生计问题而采取某些冲破旧体制的举动，到 20 世纪 90 年代积极引导、扶持、规范个体私营经济发展，为市场体系的发育提供各种有效的政策激励；再到 21 世纪以来根据市场体系发育和市场秩序扩展的内在需求，积极探索市场经济条件下的地方政府管理模式，浙江各级地方政府的角色行为同区域市场体系的发育之间形成了一种良性互动机制，在区域市场体系发育的不同阶段形成了与之相适应的"有效政府"的角色行为模式。

1. 放任与扶持：市场化初期的地方政府角色

如果说在市场体系的发育过程中相对较少的行政干预，使"温州模式"和"浙江现象"中的政府角色给人留下了很深的"无为而治"的印象的话，那么，这种"无为而治"实际上可能只是更多地反映了改革开放初期以温州为代表的浙江地方政府的角色行为特征。概括地讲，这种"放任""无为"主要表现在三个方面：一是在国有经济力量薄弱、集体经济基础落后的背景下，以温州为代表的浙江许多地方政府没有像其他一些地方政府一样广泛介入微观经济过程，而是通过积极致力于搞活国有经济，或大力扶持乡镇集体企业发展，发挥政府在资源配置和地方经济发展中的主导性甚至支配性作用。二是在个体私营经济还没有获得合法地位的时期，地方政府基于个体私营经济对地方经济发展的重要贡献，没有像其他一些地方政府一样严格按照当时国家意识形态和政策要求对其采取严厉的行政干预，而是最大限度地采取了宽容、默许的对策。三是在地方经济还比较落后，政府资源吸取能力还很有限的情况下，浙江的一些地方政府甚至也没有像其他一些地方政府一样大规模地从事公共基础设施建设，而是更多借助于民间的力量，以市场化运作的方式，来缓解公共基础设施及公共产品的供给不足问题。

与"放任""无为"相联系的是，开明的地方政府或出于其相对超前的市场经济认知信念，或基于地方利益及地方民众的利益诉求，还想方设法给予民间的市场化改革试验最大限度的政策支持。比如，在中央的政策规定比较含糊的领域，营造既定政策环境下最为宽松的区域发展环境；适时、适度地介入民间的市场制度创新实践，在总结微观主体的创新经验的基础上，将游离于体制之外，尚不拥有合法地位的制度创新成果纳入政府管理的渠道，赋予其在地方上的合法性；在民间的创新实践遭到合法性的质疑的情况下，在各种场合为这种创新实践的现实合理性进行辩护；等等。

浙江的地方政府在市场化改革的初期，对民间的市场化改革试验采取"放任与扶持"的态度，更多地让民间力量发挥第一行动集团的作用，将自身的角色定位于为民间的创新实践创造相对宽松的政策环境，为其提供力所能及的支持、保护，实际上是特定约束条件下的一种自主性的理性行为选择。首先，20世纪80年代市场化改革还处于典型的"摸着石头过河"的状态，在每项重大决策都交织激烈的意识形态纷争、政治约束条件和宏观政策取向存在高度的不确定性情况下，地方政府无论是否对民间的制度创新实践进行干预，都存在着一定的政治风险。而温台地区国有、集体经济弱小，民间创新的体制外增长属性（改革不是直接针对国有、集体经济），以及相对边陲的政治地理方位，客观上为地方政府以"无为"的方式对待民间的市场化改革尝试，而没有按照当时的意识形态及政策要求采取严厉的打压态度，提供了必要的政治条件。其次，"无为"的策略，既是政府官员与市场主体暧昧的利益关联的反映，更是地方财政压力使然。在无法指望国有经济发挥经济支柱作用，甚至连扶持乡镇集体经济发展也受到财力的极大限制的情况下，肩负着加快地方经济发展重任的地方政府，如果不敢越雷池一步，而是恪守主流意识形态和旧体制的规定，在地方经济建设上必然陷入极为尴尬的境地。最后，浙江独特的区域文化传统所造就的微观主体的制度创新优势，是地方政府得以采取"放任""无为"策略的重要社会基础。无论是将"温州模式"和"浙江模式"界定为"准需求诱致"的制度变迁，还是"新古典的工业化发展模式民间诱致加政府增进"模式，突出的都是一个问题，即"由于民间力量的旺盛和市场化利益的内驱力之强大，浙江地方各级政府对推进改革和推动经济发展只发挥了次要或者说从属的作用"。换言之，民间自发性的工业化冲动的强盛，决定了地方政府不去积极扮演地方经济建设的主导者角色并不会导致地方经济的衰退，甚至只会更有利于经济发展；民间"草根"市场主体制度创新的高度活跃，决定了地方政府不去充当制度创新的"第一行动集团"，并不会影响地方的市场化改革的推进。

2. 引导与规范：市场化中期的地方政府角色

以党的十四大确立建设社会主义市场经济体系的经济体制改革目标模式为分水岭，地方政府行为选择的约束条件发生了一次历史性的变迁。一是民营经济政治和法律上的合法性的确立，制约地方政府支持市场化改革的政治风险基本被释放，早已基于经济增长绩效确立了市场经济认知信念的地方政府，由此终于得以从幕后走向前台，公开、大胆地支持私营经济的发展。二是随着国家意识形态实现以发展为核心的历史性转型，以及政府考核体系的变革，经济发展的区域间竞争及政府间政绩竞争日趋激烈，地方政府的效用目标同地方经济发展绩效由此紧密地捆绑在一起，迫使地方政府开始以相互竞争的态势，最大限度地发挥地方政策的灵活性，推动地方经济发展。三是分税制的实施，开始驱使着地方政府最大限度地发掘地方性资源，运用各种资源配置手段，追求地方财政收入最大化，实现其特定的行政目标。

尽管并不存在一个整齐划一的节拍，但20世纪90年代以来，浙江各级地方政府的角色行为模式的演变，普遍呈现出了从相对无为到积极有为的态势，主要表现在：一是地方政府普遍开始以积极的姿态，充分发挥自身在制度创新中的主导作用，为个体私营经济的发展提供最有利的政策支持。从省委、省政府出台的促进个私经济发展的"四个不限"（不限发展比例，不限发展速度，不限经营方式，不限经营规模）、"四个有"（让个私企业经营者"经济上有实惠，社会上有地位，政治上有荣誉，事业上有作为"）的政策规定；到市县政府在中央出台"抓大放小"政策之际，大踏步地推进国有经济和集体经济的股份制改造；再到各级政府致力于大力整顿市场秩序，建立健全市场规则，推进市场交易的制度化，浙江各级地方政府开始更多地扮演起了制度创新的"第一行动集团"的角色。二是市县政府纷纷借鉴温台、义乌等地商品市场"带动一片产业，活跃一地经济，富裕一方百姓"的经验，积极推进各种专业市场的建设，形成了专业市场在全省遍地开花之势。三是市县政府纷纷提出并实施"二次创业"战略，积极规划建设各类工业园区，引导、鼓励企业向园区集聚，以克服 20 世纪 80 年代民间自发的工业化进程暴露出的"村村点火，户户冒烟"的分散化弊端。四是各级地方政府大规模地推进城市化建设，积极营造有利于产业向城市集聚的政策环境，使浙江的城市化水平迅速由位居全国中下游进入全国先进行列。

3. 服务与提升：市场化后期的地方政府角色

一个成熟的具有扩展性的市场经济秩序，是一个由完善的市场运作机制以及与之相匹配的政府管理模式和发达的社会自治组织等共同构成的、相互支持的网络体系。随着区域市场体系发育的逐步成熟，市场秩序的扩展必然要提出转变政府职能、优化政府管理模式的内在要求。对于浙江来说，一方面，市场主体发育得相对成熟，为地方政府退出竞争性领域，减少对微观经济过程的行政干预创造了必要的条件。另一方面，初级形态的市场体系向高级形态的市场体系的演进，又提出了规范市场秩序、为市场主体创造公平竞争的制度环境的迫切任务。因而，如何深化行政体制改革，优化政府管理模式，以适应和促进市场经济的健康发展，成为地方政府面临的新课题。20 世纪 90 年代末和 21 世纪初以来，浙江各级地方政府在顺应市场经济发展、转变政府职能、优化地方政府管理模式方面进行了一些积极的探索，浙江因此也成为地方政府管理创新最为活跃的地区之一。

概括来说，这一时期政府角色行为模式的变迁，主要集中在以下几个方面。一是通过压缩政府职能部门和乡镇的"撤扩并"改革，精简政府机构，控制政府规模，降低行政成本；通过不断深化行政审批制度改革，全面推广行政服务中心的管理模式，改造行政流程；根据 20 世纪 80 年代以来浙江所坚持的省管县财政体制的发展绩效，连续四轮推进强县扩权改革等一系列举措，努力提高政府运行效率，降低市场主体的交易成本。二是以"信用浙江"和"法治浙江"建设为载体，努力规范政府行为，健全公平竞争的市场规则体系。全省普遍建立旨在规范政府的事权、财权、人事权的行政服务中心、招投标中心、会计核算中心、经济发展环境投诉中心，市场经济运作的外部环境得以进一步优化。三是建立健全社会保障体系，增强政府的公共服务功能。完善的社会保障体系是成熟的市场经济秩序的重要组成部分。浙江由于市场经济相对发达，地方政府通过直接充当市场主体以带动地方经济发展的压力相对较小，地方政府得以将更多的精力投向对民生问题的关注。随着政府财力的逐步增强，从 20 世纪 90 年代后期开始，浙江各级地方政府明显加大了社会保障体系建设的力度，初步建立起了较低水平的覆盖全省城乡的社会保障网络体系，地方政府的公共服务功能正在逐步强化。综上所述，在市场化的改革进程中，浙江各级地方政府的角色行为模式一直处于适应性的调整过程之中。地方政府在制度环境变迁所建构的特定约束条件下，根据区域市场体系发育和市场秩序扩展的内在要求，通过各种自主性的"试错性"尝试，不断调整政府与市场的关系，在不同的时期确立了较为合理的政府角色定位。

第三节 区域经济发展中地方不规范行为分析

改革开放以来，中国地方政府主导辖区经济增长的热情，导致了一系列以地方政府为主角的旨在促进辖区经济增长的经济行为。可以说，我国"行政区经济"的现状就是在地方政府的强力推动下形成的，因此，地方政府主导作用的发挥，客观上促进了中国经济持续高速发展。但任何事物都具有两面性，同样，地方政府主导经济的行为也有某些负面效应。本节对区域经济发展中地方政府的不规范行为及原因进行探究。

一、地方政府主导区域经济发展的不规范行为

（一）地方政府决策的不科学行为

行政决策是行政管理的前提和基础，科学决策是保证政府各项工作取得成功的重要前提，否则政府决策可能导致社会资源的严重浪费。而现实中，政府决策的不科学往往又与政府决策过程不民主息息相关。有学者概括为：

一是一些地方、部门的领导干部好大喜功，凭热情、凭经验、凭感觉想问题、办事情，往往在没有充分调查研究、协商论证、广泛听取各方面意见的情况下便拍脑袋决策、拍胸脯保证，导致决策失误。二是一些地方决策规则和程序不完善，决策过程缺乏透明度，缺少广泛的参与，一些领导为显示自己的权力，都想说了算，名为集体领导、集体决策，实际上是少数人甚至个别人随意决策、盲目决策。三是由于决策过程不公开，因而也缺乏对决策行为的约束和质询，一些地方领导没有形成科学决策的意识，抱着搞建设、搞改革总是要"付学费"的不正确认识，从客观上助长了个人决策、轻率决策、经验决策之风的蔓延和扩张。

比如，在地方政府主导的地区经济建设项目中，从表面上看，所上项目要经过内部讨论，有的甚至还要聘请专家论证，但是，政府领导体制中按职务高低排序的层次型结构特点，决定了最终拍板权牢牢掌握在主要领导手中，因而民主很难真正发挥作用。特别是个别领导的独断专行，造成大量资金与资源的浪费。不少项目建成之日即停产之时，不但没有产生相应效益，而且耗费大量资金，造成土地的闲置与荒废。

（二）地方政府职能履行中的逐利行为

改革开放后，我国曾通过权力下放，使地方政府积极性得到了充分发挥，有力地推动了改革和经济发展，这是一条重要经验。但在这个过程中，有的地方和部门过多地考虑本地区、本部门的局部利益，在主导经济发展中产生了严重的趋利行为，造成地方政府职能错位，偏离其角色功能定位，对整个国家和社会的发展产生了负面影响。其具体表现在以下行为中。

1. 弱化对中央宏观调控政策执行的力度

在经济发展中，中央政府与地方政府的行为目标是有差异的。从中央政府角度看，其行为模式主要取决于如何实现宏观经济稳定。但从地方政府角度看，其行为模式则主要取决于如何才能实现上级政府的"GDP考核指标"和"地方财政收入"的最大化，两者目标上的差异，使地方政府在执行中央的宏观调控政策时，往往采取或明或暗的自主性行为，实施逆向调控而不是自觉遵守国家的统一意志、统一规划、统一政策，弱化了执行中央政府宏观调控政策的力度，政策执行失真最具典型性。

政策执行失真就是在执行中央宏观调控政策的过程中，要么不作为，只是简单地宣传一下政策，做做表面文章，或象征性地选择政策的某些部分执行；要么对宏观调控政策本身的原有内容进行部分扭曲变形或完全改变原有政策内容；要么常附加一些原政策目标所没有的内容，将本不可行的事情变为可行之事；或者当政策对地方政府不利时，地方政府就会制订与中央政策表面相一致，实际相违背的实施方案；等等。无论采取哪种行为，都会导致政策失真，使中央宏观调控政策难以得到贯彻落实。比如，地方政府受利益驱使，对产业政策的执行，脱离或违背中央政策，另搞一套，特别是某些部门的盲目投资、低水平重复建设、地区产业结构同构化问题严重，像钢铁、电解铝、水泥等这些行业曾经出现产能过剩和产品过剩，引发了宏观经济局部出现过热现象，始终得不到控制。地方政府在执行上级政策上的种种行为时，社会上有许多习惯说法。这里仅列举以下方面：

（1）用足政策。用足政策被人们认为是促进地方发展的秘诀，主要是地方政府针对中央的倡导性、许可性或优惠性政策而言的。中国各地区发展差异比较明显，有时中央政府出于某种考虑，允许地方政府就某个社会问题自主制定仅适用本地方的政策措施，以解决带有地方特殊性的社会问题，其实是一种原则性授权，并有明确的边界限制，但是地方政府用足政策，就是指把中央特许的政策用到极限，那么政策执行一旦极端化，就会出现与政策所要解决的社会问题相反的另一类社会问题。比如，国家为促进地方经济发展，允许地方政府根据当地实际情况建立经济开发区，并在土地、税收、工商、物价方面实行某些优惠措施，可这一政策被一些地方政府严重"用足"，实际状况是：无论发达地区还是不发达地区，全国到处都在搞开发区建设，有些开发区只开不发，土地闲置，没有起到带动当地经济发展的作用。

（2）打政策擦边球。打政策擦边球也称作"钻空子"，主要是指地方政府利用政策内在的缺陷寻求不当利益这种行为，从表面上看是执行了中央政府的政策，但做法实质上与中央政策要求不相符合。比如，中央曾经为控制预算外收入而出台了一项控制奖金发放的政策，在执行中，有的地方政府就作了技术处理，把一部分奖金转化为劳务费或加班补助的形式发放，这其实就是地方领导利用政策对劳务费没有作出规定的缺陷，把奖金转变成劳务费了。

（3）上有政策下有对策。是指地方政府往往以本地区的特殊情况为借口，在执行中采取灵活变通的技术手法，肆意篡改中央政策的精神实质。比如，中央在实施宏观调控政策时，明确规定要压缩基建规模，于是，有些地方政府就把一些应该下马的工程变成以前工程的配套项目继续兴建，最终，不仅使中央的调控目标实现不了，甚至还会出现新的增长。

（4）"三灯"政策。曾几何时，社会上出现过有名的"灯论"："见着绿灯赶快走，见了黄灯抢着走，见到红灯绕道走。""见着绿灯赶快走"，是指中央政府实行某些对地方经济发展有利的鼓励性经济政策，地方政府就赶快采取各种行动，最大限度地利用政策；"见了黄灯抢着走"，是指中央政府发出拟采取某些对地方经济不利的政策信号时，地方政府就抓住最后的机会，突击采取一些行动；"见到红灯绕道走"，是指中央政府实行对本地经济不利的限制性措施时，地方政府就采取灵活变通措施，以各种借口绕开中央政府政策的限制。

除以上情况外，地方政府在执行中央宏观调控政策过程中，还有其他一些表现方式。比如，在执行速度上，某些地方政府常常对政策执行疲沓、政策实施缓慢，或者有些政策执行人员对政策死搬硬套，采取消极的执行态度，使中央宏观调控政策低效实施。这些表现事实上也在弱化地方政府对中央宏观调控政策执行的力度。

2. 发展战略中的短期机会主义行为

"机会主义"源于制度经济学，被威廉姆森描述为欺骗性地追求自利，包括说谎、偷盗和欺骗，更一般地指不完全的或扭曲的信息揭示，尤其是有目的的误导、掩盖、迷惑或混淆。地方政府的机会主义行为有多种表现形式。

（1）地方保护主义行为。

一般地，地方保护主义是一种以地方利益为本位的社会现象，新中国成立后，在计划经济条件下，不同的行政区域之间存在各种各样的壁垒，地方当局以完成本地计划为名，为本地区生产者提供各种行政保护，一般称之为地方主义。改革开放以后，我国从计划经济体制向市场经济体制转轨期间，地方保护现象日益突出。这一时期出现的地方保护主义则是指地方政府在处理本地区与其他地区及中央政府之间的经济关系时，以维护"地方经济利益"为宗旨而实施的一种短期经济行为。它虽然可能在短期内使地方利益最大化，但由于破坏了地方利益赖以持续实现的宏观环境，最终也会使地方利益本身同遭损害。

随着中央政府权力的下放，地方利益得到承认并迅速扩张，地方政府的利益主体地位和调控主体身份也得到明确，尤其是地区发展差异的凸显，地方政府面临着地区经济发展的巨大压力。在这种情况下，当面临局部和全局、局部和局部利益矛盾时，地方政府常常会倾向本地区的局部利益，为此不惜牺牲全局利益和其他局部利益。这样，对地方利益的正当追求就扭曲为地方保护主义。基于区域利益的地方保护主义行为带有普遍性，并在不同时期有不同的表现，曾经有学者将其划分为三个阶段：

第一阶段（1985—1988 年）：地区原料大战。改革开放初期，在商品短缺的情况下，地方政府发展经济的自主性日益增强，各地加工工业、乡镇企业迅猛发展，造成工业过热，全国原料市场呈现出紧张状况。于是，各地为了本地工业能够有充足的原料，都纷纷筑起行政"篱笆墙"，一方面严禁本地原料流出，另一方面又通过各种手段从其他地区争夺原料，"羊毛大战""棉花大战""生猪大战""蚕茧大战"此起彼伏，在"大战"中保护自己的利益。

第二阶段（1988—1992 年）：地区产品大战。随着我国市场化改革的发展，1987 年前后国内出现了通货膨胀加剧、市场秩序混乱和经济结构失衡的问题。针对这些情况，1988 年，中央政府开始采取治理经济环境、整顿经济秩序的政策、措施。于是，在市场疲软、资金短缺的情况下，各地纷纷封锁自己的市场。各地政府又通过歧视性地方法规、设置关卡、高收费等方式阻止外地商品的流入，规定本地单位只能使用本地产品、经营本地产品，千方百计堵截外地的商品、物资进入本地市场，以保护本地企业获得利润。

第三阶段（1992年至今）：地方政策大战。由于改革过程中，中央政府实施"鼓励一部分地区先富起来"的政策，使广东、福建等沿海开放地区率先从中央手中获得某些经济"特权"，推动了地方经济的快速发展，这对广大中西部地区地方政府起到了示范效应，地方领导人认识到政策越优惠，地区在竞争中就处于越有利的地位。他们也开始主动地追求地方利益，纷纷与中央"讨价还价"，索要优惠政策和更多的利益。于是，地区之间的角逐开始从地区封锁进入"政策大战"的新阶段。一些地区甚至出台歧视性财政扶持政策以保护本地企业利益。根据有关资料，从1992年初起，中国各地区都在争夺特区政策、工业区政策、开发区政策、高新技术产业开发区政策、保税区政策。到1996年底，全国共有开发区5000多个，侵占耕地280万亩以上。这种"政策大战"在一定程度上加剧了房地产大战、开发区大战、项目大战、圈地大战。

地方保护主义的危害一是破坏市场的统一性，破坏竞争的公平性，破坏优胜劣汰机制；二是各地区之间的相互限制，严重损害了消费者的利益；三是造成各地区的同质竞争，导致资源的极大浪费。

（2）"大而全""小而全"的发展战略。

地方政府不仅要参与国内竞争，在经济全球化条件下，还要参与国际竞争。要取得竞争优势，就不能要求一个地区乃至一个国家的产业门类如何齐全，而是在国际、国内分工中有特色、有优势。但从改革开放以来我国地方经济发展看，在片面求快、投资欲望扩张的驱动下，各地区不同程度地存在重复建设、结构趋同状况。如汽车、摩托车、空调等产品，一个省或一个市能办好几家，商厦、宾馆盲目发展。这种"大而全""小而全"的发展战略，其危害性早已为人们所认识。

有学者将重复建设和结构趋同的危害归纳为四个方面：一是能力过剩，竞争过度，特别是价格大战，使多数企业盈利猛降进而转亏，不利于技术改造；有的采取偷工减料的歪招，最后对消费者不利。二是浪费了大量资金和包括土地在内的其他资源，影响整个宏观经济效益。三是在一度造成虚假繁荣后，逐步暴露出高速低效和结构性矛盾，导致市场疲软和部分企业经营困难，部分职工被迫下岗。四是地区之间的结构趋同，都像"双胞胎""多胞胎"，缺乏合理的劳动分工和专业化协作，大家呆滞在低水平上，无法推进产业的升级换代。

3. 注重短期目标，忽视地区发展的长期收益

地方政府追求短期利益表现为不该引进的项目引进来了、该淘汰的项目没有淘汰。1994 年分税制改革以来，地方政府作为利益主体，追求效用最大化这一行为目标日益明确。地方政府效用最大化也就意味着 GDP 和财政收入最大化。为了实现这一目标，地方政府主要负责人把主要精力投入招商引资，每年引进的项目数量和引进资金的额度成为各级地方政府官员政绩考核的重要参考指标。因此，许多地方政府往往急功近利，出现了以资源换项目、以土地引投资的风潮，不计成本、不计代价地单纯追求经济增长速度，忽视，甚至牺牲社会的长远发展、长期收益。总之，地方政府这些行为会扩大地区差距，降低资源配置效率，损害地方政府间的竞争秩序。

4. 地方公共产品和服务的供给不足且不规范

在市场经济条件下，政府的经济职能主要在于弥补市场机制的失灵，对于地方政府来说，其经济职责应主要放到为发展经济创建良好的市场环境，应更多地把注意力和公共资源投向提供地方性公共产品和公共服务中来。特别是从建设服务型政府的角度出发，要求地方政府的首要任务是提供教育、医疗、治安、环境保护等公共产品。但地方政府在实际工作中，依然把主要精力放在围绕人均 GDP 增长的经济建设上，地方政府官员倾尽全力抓地区项目建设工作，在提供公共产品及服务上明显不足，导致职能错位。地方政府职能在经济建设上强，而在公共服务上偏弱，造成大量社会问题、社会矛盾难以得到及时缓解，遇到突发事件，就陷入了被动的局面，而且在提供公共产品及服务上也不规范。地方政府本应重点承担的教育、医疗、环境保护等公共产品并没有成为地方政府总支出的主要项目，地方政府投入最大、关注度最高的是城镇基础设施等与经济增长相关的公共产品项目。

（三）地方政府主导方式的不规范行为

主导方式是指地方政府履行其经济职能，实现经济管理目标所凭借的手段，从类型看，政府管理经济的方式可以划分为三种。一是政府规制型。基本特点是政府尽量让市场这只"看不见的手"发挥作用，资源配置基本上由市场来进行，政府主要负责对市场的规范和管制，以及市场管理机制难以发挥作用的方面。这种类型所凭借的手段主要是依靠完备的法律体系保障市场经济的运行。二是政府引导型。基本特点是自由竞争与政府控制并存，经济杠杆与政府引导并用，经济增长与社会福利并重等。这种类型所凭借的手段主要是通过政府制订的指导性计划，指明经济发展的方向，以影响经济运行。三是政府主导型。基本特点是在让市场发挥资源配置方面的基础性作用的同时，政府对经济活动保持着强有力的干预和指导。这种类型所凭借的手段是通过政府设立的计划部门，制订中长期计划来确定发展目标，以表明政府的意图并利用计划和产业政策来指导企业的决策，以影响经济运行。

我国正处于体制转型期，政府职能也正处在转变过程中，由于实行了渐进式改革方式，中国政府管理经济的方式所采用的也是政府主导型。但是，地方政府过度追求 GDP 所导致的外延式经济发展表明，地方政府主导经济发展，所采用的手段有着更加显著的行政化倾向，即政府这只"看得见的手"过多地干预着经济的运行。具体表现在以下两方面。

1. 地方政府直接参与微观经济运行

改革开放以后，随着中央与地方财权和事权的划分，地方政府承担的事权增加了，负责提供所有的地方公共服务。特别是近年来提供了失业保险、城市最低生活保障计划、养老金计划等方面的财政支持。因此，地方政府必须采取各种办法壮大自身的经济实力。但是，不再可能像以前那样投资、新建国有企业或是上新的投资项目，受政绩考核压力的影响，地方政府选择了对推动经济增长和发展至关重要的基础设施建设，进行基础设施建设投资，大力开展市政建设工程。所以，从 2002 年开始，各地政府纷纷开展市政基础设施建设，扩大城市规模，提升城市档次。然而，很多地方政府自身的财力有限，于是，地方政府手中的土地使用权和征用权就成了它们开展投资的重要依赖，由于地方政府直接控制土地和信贷这两个最基本的生产要素的供给，使得地方政府可以凭借对土地等资源的垄断，直接参与微观经济运行。比如各地区在竞争中，为了增加地区发展项目，地方政府依赖土地资源等方面的优惠政策，积极开展招商引资工作。招商引资原本是一项专业性强、要求严谨的经济商业行为，属于竞争性领域，但是地方政府却亲自去做。因此，地方政府的招商引资行为逐渐被视为不利于自由竞争的行政干预。特别是有些地方政府为了掌握更多的土地资源，以行政手段强征、强占耕地，由此所引发的社会冲突时有发生。

2. 地方政府直接干预大量的微观经济活动

政府管制是政府干预微观经济主体活动的一种行为方式，属于典型的行政化方式之一。政府管制的产生是与市场失灵相联系的，当市场机制不能实现对资源的有效配置，即出现市场失灵时，政府就通过管制以矫正和改善市场机制存在的缺陷，干预资源配置。中国政府管制始于1978年，是随着市场经济体制的建立出现的。在改革开放前的计划经济时期，由于实行全面而彻底的国有化，政府依靠计划、命令的手段，而不是审批、许可等手段干预经济，所以，还不存在西方那种严格意义上的政府管制。特别是20世纪90年代以来，中国政府在经济性管制方面有较大的发展进程，从市场进入、价格、数量、质量等方面制定了相应规制。对电力供应、邮政、城市给排水等公共事业以及航空、广播、铁路等自然垄断行业普遍实行了政府管制，这在中国市场化发展中，对于改善市场机制存在的缺陷、推动经济发展发挥了积极作用。但是，目前由于地方政府仍然掌握着大量审批经济活动的准入权和在利率、汇率、交通、能源等方面的定价权，所以，地方政府在主导地区经济发展中，有些地方政府打着"规范化"的旗号，大搞"加强管制"，加大市场管理力度，新规定种种"许可证""上岗证""资格认定书"等，对大量的微观经济活动实施控制。这样，不但没有克服市场失灵，反而大大增加了企业、消费者和纳税人的成本。总之，地方政府过多干预经济的行为会降低效率，不利于平等竞争和制度创新，也不利于市场体系的发育和完善。

二、地方政府不规范行为的原因分析

区域经济发展中，地方政府出现的上述不规范行为，存在着错综复杂的原因，但以下三者最为直接。

（一）地方政府体制不完善

地方政府体制是政府体制的主要组成部分，也是政治体制的重要组成部分，它是指地方国家权力的结构及其运行方式。我国宪法规定，国家的一切权力属于人民，人民行使国家权力的机关是全国人民代表大会和各级地方人民代表大会。人民代表大会制度的建立，第一次从法律上确立了国家权力为人民所共有。地方人大及其常务委员会拥有讨论、决定本行政区域内的政治、经济、教育、科学、文化、卫生、环境和资源保护、民政、民族等工作的重大事项的职权，政府的权力是"人民代表大会基于人民授权的再授权"，这从制度上表现了人民当家做主、管理国家事务的民主权利。同时，在管理体制上，我国实行党委领导下的行政首长负责制，这种管理体制又决定了地方党政主要领导人在经济发展中的权威性，其权威性无疑对保证地方经济的集中统一领导和快速发展十分有效。但是，在权力运行机制中，如果缺乏有效的监督体系，行政权行使中的负效应是难以克服的。

事实上，我国虽然从内部和外部两方面都建立了对行政权力的监督体系，但是，监督不到位是其基本现实。从内部自身监督看，自我监督往往流于形式，无法保证其有效性，如对投资项目的监督。政府主导的投资，从投资立项到具体建设再到建成使用，整个过程都是决策者自己监督自己。这样，无论是建设过程中的监管，还是工程投入使用后的实效考核，都难免流于形式。即使有误，如果责任在于主要领导，那么，"不能自我否定"的心理决定了原本必要的整改与惩处根本就无法施行。而缺乏实质性监管与问责的投资，要能在现实中发挥有益作用，根本就没有可能。事实上，各地政府主导的建设项目，大多都没有进行实效考核，更没有对责任人实施问责，因而无从保证投资绩效，尤其对于那些污染严重却能给地方财政带来较高收入的项目更是如此。

　　从外部监督体系看，按照我国"议行合一"的政治体制，人民代表大会作为权力机关，拥有的权力是至高无上的，地方人大对政府的监督是地方最高层次、最权威，也是最全面的监督。主要采取听取和审查政府工作报告、法制监督、通过行使罢免权实行监督和通过人民代表的质询及视察工作等方式。但是，在党政关系尚未厘清的情况下，人大对政府的监督同时也成了对党的监督，而我国宪法只规定了党对权力机关的领导，没有规定权力机关可以监督执政党的活动。正因为如此，人大的监督缺乏权威性，真正有效的监督难以实施，使地方人大对政府的监督还主要停留在代表大会、常委会会议、听取汇报和报告以及闭会期间视察等工作方式上，很少采取质询、组织特定问题调查等有力的监督形式，很少使用罢免、撤职等手段。地方人大对地方政府监督乏力，必然会使地方政府主导经济的某些违法违规行为得不到制裁和纠正，而且极易产生行政腐败。

　　腐败单就字面意思来看，是指腐朽、败坏，笼统地说，它是与公平、正义、合理、有效益等价值观念相背离的不正常行为。在不同领域，腐败的行为方式是不一样的：就地方政府行为领域来看，腐败是一种依靠公权力获取利益的不正常行为，因而属于行政腐败。行政腐败说穿了是"以权谋私"，"私"既包括地方政府所代表的地区利益，也包括地方政府各职能部门所具有的部门利益以及政府官员自身的利益。因此，行政腐败的方式和手段不胜枚举，从以往地方政府主导经济的行为来看，主要表现在以下方面：

　　一是地方政府在招商引资、城镇扩建中，违法、违规运作土地等行为。在现有土地制度下，地方政府直接掌握着土地等重要的社会资源和干预市场活动的权力，由于监督不力，在利益的驱使下，大量公权被私用，以行政命令代替法律。尤其是地方为了招商引资，甚至以低价、零价的方式把土地批租出去。1996—2003年，全国耕地就锐减了1亿亩。在招投标领域，明招暗定、幕后交易等问题突出，尽管许多项目表面上都进行了招投标，但领导的一个"招呼"就能将项目"搞定"，开发商们自然就用"糖衣炮弹"猛攻。这样，一个项目监理起来，就会有一个或者一批干部倒下去，这无一不与政府主导性投资、政府主要领导说一不二的权力有关。

二是某些部门私自设立的"小金库"，使大量资金游离于国家掌握之外。虽然"小金库"有一部分用于招商引资、发放职工福利，但绝大部分被用于满足个别人的私利。因此，形式上看为部门利益，背后实际上是领导者的个人利益。尤其是小金库助长了行政部门滥用职权，"乱集资、乱摊派、乱罚款"的行为，而且财政资金经常遭到挤占、截留、挪用。

三是有些地方政府凭借手中权力大搞形象工程和面子工程。某些地方领导干部出于升迁需要，一味地追求政绩，在这种情况下，地方政府主导经济发展为他们建设形象工程、面子工程的冲动制造了机会，结果导致大量财政资金被无谓地耗费，加重了群众负担。

（二）行政考核机制不合理

一般地说，任何行为者的行为方向都基本是由其评价标准所规定的。比如，在市场经济中，市场主体之所以致力于创新，致力于提高效率，主要是因为对其优劣的判断标准使其盈利。同样，政府管理体系中，考绩机制对地方政府的经济行为具有导向作用。如果对地方政府绩效进行考评，就能促使政府按评价标准而不是政府自己的任意妄想去行事，进而起到约束政府行为的作用。当然，这种制约的有效性是以评价体系的科学、客观和公正为前提的。因为一套体系不完整、主观且以政府自身利益为核心的评价体系形同虚设，它对于政府的行为举措是不会有什么制约力量的。

当前，中国还没有当代意义上的完整的政府绩效评估制度，关于地方政府的考核标准，没有明文规定，只存在一套政府行政体系内部的考核体系。在现实中，地方政府的政绩在很大程度上是按照掌握着地方官员升降大权的上级政府的判断标准进行评判。在上级政府无法充分掌握信息的情况下，只能将评价标准简化为类似于GDP、就业率以及社会稳定等片面的考核指标，并以此对地方政府官员的升降提出决定性的意见，从而给地方政府留下了采取短期行为和机会主义行为的广阔空间。

在工作重点转向经济建设后，一条不成文的要求就是看一个地方的经济发展得怎么样。具体地说，往往以发展的快慢也就是增长率的高低来衡量，即以速度、产值论成败。这样，各级地方政府为了加快发展速度，纷纷选择投资建设产值高、税收多的大项目。地方政府的投资冲动曾致使固定资产投资一再膨胀，进而拉动经济过热。

发展经济不只是各级政府的第一要务，也是我国干部考核选拔制度的主要依据。在地方干部的任免基本由上级决定的条件下，地方政府官员为了赢得上级政府的赏识以获取更大的政治晋升机会，也强烈希望发展地方经济，加之四五年一届的任期制，导致地方政府经济行为的短期化，这就使得一些地方政府往往热衷于搞新扩建、搞一些形象工程，而较少搞技术改造和技术开发等基础工作。由此可见，考核机制的不合理对地方政府的经济行为起到了很大的导向作用。

（三）社会转型期经济体制不完善

西方行政生态理论认为，不同社会形态下的经济结构特别是其市场化程度对行政的影响是不同的。在完善的市场经济条件下，市场是实现社会资源有效配置的根本途径，地方政府的职责之一在于为微观经济活动创造良好的发展环境。以党的十一届三中全会为开端，中国进入快速的社会转型期。在由计划经济向市场经济转型的过程中，我国选择的目标模式是社会主义市场经济，采取了渐进式改革路径。在没有经验可借鉴的情况下，"摸着石头过河"，允许改革在一个较长的时间内完成。因而，虽然农村家庭联产承包责任制改革，以及城镇非国有部门和沿海地区市场化改革，促使行政环境发生了巨大变化。但是，占统治地位的国有经济部门的市场化改革进程比较缓慢，造成不同行业、不同部门之间，发达与不发达区域之间的市场化程度、市场主体成熟程度等方面有差异。

由于我国市场体制还不够完善，特别是一些市场发育缓慢和经济落后地区，在计划体制思维惯性和地方自身利益的影响下，不少地方政府往往习惯运用公安、交通、工商、税务等行政部门在私人产品经济领域，直接以行政性方式干预经济活动。此外，即使选择市场化手段，有时也会因市场化程度低、操作技术不成熟或制度缺失而使地方政府行为出现纰漏。

第五章 技术创新及评价指标体系

第一节 技术创新发展现状

一、我国企业技术创新发展现状

(一) 思想观念落后，缺乏观念创新

在激烈的竞争面前，有的企业仍然抱着等、靠、要的思想，对开放的市场作消极对待；有的企业对知识、科技、人才这些重要资源缺乏必要的认识；有的企业长期习惯于外延式的扩大再生产，严重忽视企业增长方式的转变；也有的企业不敢或者无意于开拓广阔的国际市场。同时，管理部门当中也存在着一些落后的观念，思想落后于经济发展的需要。

(二) 制度创新有待深化

随着改革的深入，制度性滞障日益明显地表现出来。主要表现为政府与企业的关系尚未完全理顺，行政机关对企业干预过多，股份制企业数量少且改造不够规范，等等。在组织形式上，以厂长代替董事长、以经理班子代替股东会的现象并不罕见。这些情况严重限制了竞争能力的提高。

(三) 技术发展滞后，缺乏创新动力

主要表现为企业创新技术档次低、市场适应性差，技术开发、生产与市场需要脱节现象严重，企业关键生产技术落后，等等。据对冶金、石化、电

力等 15 个行业的调查，多数企业生产技术与国外先进技术水平相差 10 年以上，特别是高新技术的发展，要比发达国家落后 20～30 年。目前企业普遍存在着技术创新能力与动力不足的现象，以企业为主体的技术创新体系尚未建立，不少企业的主导技术只好依赖国外，受制于人，形成"引进→落后→再引进→再落后"的恶性循环。

（四）产品创新步伐缓慢

首先，产品结构单一。多数企业低档产品多、中高档产品少，粗加工产品多、精深加工产品少。其次，产品老化现象严重。由此给经济发展带来了极为不利的影响：第一，由于产品缺少销路，投入多而产出少，造成企业效益下滑，经营困难；第二，由于产品更新慢、技术含量低，缺乏国际竞争力。

（五）行政管理和企业管理亟待改革

从行政管理学的角度看，主要存在着以下三个方面的问题。

一是部分部门，尤其是一些综合部门之间仍然存在着职能重复，相互间协调不够，推诿扯皮现象时有发生。

二是机构改革尚未完成，机构臃肿的现象没有彻底消除。

三是行政机关工作作风、工作方式尚需进一步转变，办事难的现象在个别部门、个别环节仍然存在。

从企业管理的角度看，加强管理的要求更为迫切。目前部分企业内部管理混乱，企业生产成本居高不下，灵活有效的市场反应机制尚未健全；企业信息化发展滞后，管理手段单一；资产负债率、投入产出率、资本回报率、资金周转率、销售利润率等这些与企业发展息息相关的重要经济指标，均没有得到应有的重视。

二、企业技术创新的主要难点及障碍

企业普遍缺乏足够的技术创新动力和压力，创新欲望不强烈。虽然我国企业的技术创新活动呈现出一年比一年活跃的趋势，但与国外同行相比，仍然差距颇大。突出地表现为企业的消耗高，劳动生产率低，产品缺乏竞争力。例如，2012 年我国原材料强度比美、日、欧等发达国家普遍高 5 ~ 10 倍，比印度也高 2 ~ 3 倍；劳动生产率则还不到日本的 1/40，美国的 1/50。

我国企业的技术投资明显不足，科技投资结构亟待改善。我国企业的科研投入远远低于世界发达国家的水平。据统计，我国企业的科研经费投入平均仅占销售收入的 0.5%，而世界百强的科研投入都高达 10% ~ 15%。国有企业技术改造投资占固定资产投资的比重下降。

我国企业技术装备落后，科技人员匮乏，企业科研条件难以保证技术创新活动的需要。技术创新难度越来越大，对企业硬件的要求也越来越高，而我国的许多企业由于基础设施落后，已经无法保证创新活动的顺利实施和最终成功。根据有关部门的调查显示，我国大多数企业的技术装备水平处于较低的层次，企业技术装备水平处于世界 20 世纪 60 年代至 70 年代水平的占50% 以上，达到 90 年代先进水平的只占 5% 左右。

我国企业普遍缺乏防范技术创新风险的有效手段，承担的风险压力过大。众所周知，技术创新是一项充满高风险性的活动。由于其涉及的领域较广，因而隐含的风险因素也较多，如技术风险、生产风险、市场风险等。就我国企业而言，由于大部分实力都较差，抵抗风险的能力也较弱，因而在制定技术创新决策时往往都较慎重。

缺乏完善、健全的创新保护和鼓励措施，企业技术创新的外部环境有待进一步优化。改革开放以后，随着科技力量在国民经济生活中的作用日渐增大，国家对技术创新工作也越来越重视，并相继制定了一系列有利于技术创新活动顺利开展的宏观措施和法律法规。然而，仍然存在着技术成果转化率低、技术市场不健全、企业专利保护意识淡漠、知识产权保护管理体系尚不完善等现象。

三、企业技术创新的对策建议

切实提高企业对技术创新内涵的认识，强化企业的创新主体地位，增强企业创新能力。首先，要加强宣传，提高认识，转变企业员工尤其是企业领导者对于技术创新的看法。突破传统的思维定式，牢固树立依靠技术创新提高企业竞争力的思想，从战略上制定和实施技术创新工程。其次，还要不断唤醒企业的创新主体意识。企业是技术创新的主体，企业的创新主体地位不确立，那么其创新的欲望和动机就必然不强烈。

提高企业自主开发能力。面对激烈的国际竞争，企业的决策部门应当树立牢固的技术创新观念，加强对技术开发机构重要性的认识，力争使国有重点企业全部建立起技术开发中心，使大中型企业建立起不同类型的技术开发机构。加快面向行业的技术开发基地建设。集中分散的资源，达到规模效益，开发出具有本行业共性、关键性、前沿性的技术，实现技术能力的共同提高。

拓宽渠道，改善结构，积极探索新的技术融资方式。企业不但要努力改善经营，提高经济效益，以增加自身的技术开发投入。同时，也要广开渠道多方筹资，为企业的技术创新提供雄厚的资金保障。随着技术创新活动的深入开展，企业还必须积极探索新的融资渠道，以满足日益增加的技术创新资金需求。

加强以技术创新的产业化为目标，提高企业技术人才的整体素质，不断增强企业的技术创新能力。技术创新产业化和商业化是企业技术创新的归宿，是实现企业竞争优势的关键所在。提高企业技术人才的整体素质，主要从两个方面考虑：一是加强企业自身人才的教育培训工作，不断更新知识结构，提高自身素质，以适应新的形势需要；二是要采取多种措施吸引、鼓励企业外部的科技人员流向企业。

完善企业技术创新机制，努力降低创新风险。因此，不断健全和完善企业的创新机制，是提高增长质量、降低创新风险的必然要求。要重点加强"产学研"的合作，通过"产学研"三方优势的互补，提高技术创新的成功率。

创造良好的政策环境，发挥政府引导职能。政府应加强宏观调控职能，通过诱导性和鼓励性的财政政策、金融政策、分配政策、人才政策、科技成果评价与奖励政策来推动技术创新，促进技术创新体系及运行机制的建立，为企业创造良好的创新氛围。

第二节 技术创新的相关理论

本节介绍技术创新的相关理论，涵盖了技术创新的概念、相关理论演化以及技术创新与经济发展的关系理论。

一、创新与技术创新的概念

（一）创新的概念

所谓创新是指人通过复杂性思维来创造产出还未存在的事物或观念，以及这种事物和观念形成的创造性的活动。通常创新活动都是创新者有目的的、主动的行为，会对旧的事物或科技进行革新或本质性的改进，这对经济增长都有十分重要的作用。当今社会，经济飞速发展，创新的作用也越来越重要。

根据熊彼特的《经济发展理论》的观点，创新可以分为以下几个类型：新的产品；新的工艺；新的供应源；新的市场；新的创新主体组织方式。弗里德曼根据熊彼特理论的创新类型，加上已有技术和新技术的差异程度，又把创新分为增量性（渐进性）创新和根本性创新（技术革命）。根本性创新（技术革命）可以对经济和社会的变革产生巨大影响，而要实现根本性创新（技术革命）的经济和社会收益，则需要长期地增量创新和改进。

创新的职能是通过创新主体的发明和创造，把革新、改善的技术投入经济领域，并且通过这种创新来加快经济和社会长期稳定增长。对经济的长期稳定快速发展来说，创新是十分重要的，它推动经济发展，促进社会进步。创新内容紧密结合着学习，创新的方法很多也是借鉴了交叉学科的知识，所以说创新具有很强的结合性，随着时间、空间的变化，创新还会产生多样性。

创新有很多特点，具体来说可以总结为以下几点。一是新颖性。新颖性是创新的最主要的特征。新颖性又可以具体划分为绝对的新颖性和局部的新颖性，主观的新颖性和客观的新颖性。二是动态性。一项创新成果并不是可以永远使用的，随着技术的进步，先前的创新也会被淘汰，所以创新是需要不断发展更新的。因地制宜，真正符合市场才能被广泛应用。三是系统性。创新一般都包含了很多相关联的过程，所以对创新的研究需要用系统的观点、方法进行分析。另外，创新与其他组织关系密切，并不是孤立的。创新具有系统性的原因之一就是对外部资源的依赖性。四是趋前性。经济和社会的发展时时刻刻在影响着创新，社会有了进步就会对技术工艺等产生新要求，创新就要随之发展，这就决定了创新一定会具有趋前性。五是风险性。创新主体在创新活动过程中，并不能确定创新的结果，创新对经济可能会有积极影响，但也有可能产生消极影响。还有，创新主体在进行创新投入后是无法排除失败的可能的，创新活动也因此具有一定的风险性。所以，创新主体只能依靠科学的研究方法、合理的基础理论来进行科研，尽最大努力来降低创新活动失败的可能性以及创新失败所带来的损失。

在进行创新活动时，必须本着实事求是的态度，以科学的价值观为指导。创新活动规律性极强，这要求创新主体一定要有扎实的专业知识，积极进取，把推动经济发展和社会进步作为创新活动的目标，充分发挥自己各项知识技能，努力取得创新成功。创新不是简单的重复劳动，而是要取得突破性的进展，对现有的科技产生冲击性的突破，对社会造成根本性的变革。

（二）技术创新的概念

熊彼特提出创新的定义范围广泛，但并没有给"技术创新"进行严格定义。而一些国外的学者在其基础上从不同的角度研究、解读，对技术创新提出了几十种定义。

学者伊诺斯第一次提出"技术创新"的定义是在 1962 年，他在所撰写的《石油加工业的发明与创新》文章中解释："生产过程中包括从选择所需的发明开始到追加资本投入，而后企业家与企业管理者建立合适的组织，并且制定生产规程，直至招工生产和开拓市场，以上行为的综合的结果被称为技术创新。"

美国经济学家曼斯菲尔德从产品创新是主要研究对象的角度出发，对技术创新的定义为：创新是一种探索性的活动，这类活动从设计构思企业的新产品开始，到新产品销售完结束。

斯通曼从数理模型切入，他把技术创新定义为"只有那些首次在经济活动中得到应用的新的生产工艺等才称得上是创新"。他认为研发过程是在交易前发生的，创新发明必须是第一次在生产过程中应用，并且这种应用符合成本低于收益的原则。

经济学家米尔顿·弗里德曼从经济学专业的角度出发，更加强调创新的经济作用。他提出要规范化创新，强调技术创新的商业性转化，所以新产品或者服务、新系统和新生产的首次商业性转化都属于技术创新。

在我国，也有很多学者从多角度进行研究，对技术创新进行了多种解释。如傅家骥从企业的角度出发把技术创新定义为一个过程，只是这个过程的主导是企业家。企业家首先会掌握市场供需关系，为了获利而进行创新，推出新服务、新产品，以此来开发新的商机，建立起新的企业组织。

通过比较总结得出结论，不管是国外还是国内，学者们对技术创新的定义大概有两种：一种认为技术创新是围绕要素组合，偏向技术创新是创新资源组合；还有一种认为从整体上看技术创新是一个过程，主张技术创新的主体、目的、方法和方式等在不同的模式下相结合的过程。笔者认为技术创新的概念更应强调技术创新转化为商业的应用，技术创新的概念应当充分体现它的商业化价值，技术创新是为建立起效能更强、效率更高和费用更低的生产经营系统、实现更高的商业利益的新产品、新工艺和新技术的首次应用的过程。

二、技术创新在经济发展中的重要性

创新堪当一个民族进步的灵魂。尤其是在知识型经济的当今社会，科技影响着经济发展的方方面面，技术创新决定了经济能否持续快速发展。能够使固定资产的结构更优化是技术创新的优势体现之一。现今社会经济发展已不再以自然资源、普通劳动力、普通物质资本等要素作为经济增长的推动力，而是依靠技术创新要素，催生更科学的管理方法、建立创新型的市场，以及优化劳动力结构和投资结构，拉动区域经济增长。技术创新的作用主要有以下几点。

（一）能够影响经济周期的波动

经济学家熊彼特通过理论与实证研究，提出了经济周期的"繁荣"、"衰退"、"萧条"和"复苏"四阶段模型和"从属波"概念。熊彼特认为在资本主义制度条件下，创新可以激发更多的社会需求、增加大量的投资活动，促进经济增长，形成经济的过度繁荣，使经济从萧条期进入繁荣期。一旦创新消失，经济下降速度就会超过停止创新所引起的衰退，进入萧条阶段。在萧条阶段，"从属波"的影响逐渐消失，经济进入复苏阶段。复苏阶段使得经济由低于均衡的水平趋向均衡。若要经济由"复苏"走向"繁荣"，则需创新活动。但创新活动通常不具有连续性，所以经济会呈现周期波动。王萍萍、王毅（2017）通过对 4 种技术创新驱动经济长波理论的梳理，强调了长波的产生不是某一要素决定的，而是多种要素共同作用的结果，从而提出了技术创新驱动经济长波的整合模型，进一步指出了技术创新在影响经济长波的各因素中的整合和促进作用。

（二）技术创新能够促进技术进步

有一项定义将技术创新分为技术创新、技术引进和技术改造三个方面。尽管技术创新的定义尚未确定，但一般技术创新指的是新技术的研发，包含了开发新产品和新工艺两个方面。纵向分析，包含了研究成果的研发、大量生产和销售实现经济效益等过程。横向分析，技术创新又包括管理模式、销售网络的创新和新建。因此，我们将技术创新定义为是科技和经济融为一体的过程。技术创新可以持续地革新技术，使得企业能够及时把握市场新动向，抓住机遇，不断创造新的经济利益，保证经济持续增长。可以说技术创新是集科技和经济于一体的过程。

技术的持续创新对于知识的传播和更新也是很有作用的。技术创新可以优化原来的产业结构，还可以催生很多新的经济产业。从可持续发展角度来看，技术创新可以不断地研发新材料、新能源，给经济发展不断注入新鲜血液，也为循环经济、绿色经济不断提供新的途径。在实际运用中，要全面发展技术创新、管理创新和制度创新等方面。当前社会的国际竞争越来越激烈，一个企业或国家要想立于不败之地就必须不断地进行技术创新。

（三）促进企业发展与提高企业经济效益

技术指的是人类在劳动实践过程中不断积累的经验、知识和技能。在 21 世纪的经济环境中，企业的核心竞争就是核心技术的竞争。创新技术可以给企业带来很多益处，如增强企业的竞争力，增加企业效益，改善市场环境，为企业积累更多的经验，不断地进行技术创新可以持续地为企业注入新的优势，进而增强企业的竞争力，使企业更好地适应市场需求，创造更多的价值①。另外，绿色化的技术创新除了可以加速经济增长，还能够使人类社会和自然的关系更加协调。提高技术水平还能够提高劳动力的利用效率，优化了劳动力的质量和种类分配。进而完善产业结构，使其更加先进，从而达到增加企业经济效益的目的，技术创新是提高企业经济效益的唯一方法。

（四）技术创新能够优化经济结构

创新技术和改进技术将带来新技术、新工艺、新产品等，形成新兴产业，促进新产业结构和消费结构的改变，从而影响经济结构。技术创新能力高的区域，还将形成产业聚集效应，进一步吸引高层次人才、优质资金投入以及政策上的倾斜与支持，形成良性循环。例如，农业技术的提高导致了第一次产业结构改革；蒸汽机和纺织机械发明后，发生了第二次大的产业结构变化。例如农业技术的发展带来了第一次大的产业结构的变化。进入 21 世纪以来，电子计算机技术的新兴飞速发展也带来了新一轮的产业结构变化。技术创新一方面可以极大地促进生产率的提高，另一方面也能促进劳动工具的自动化和智能化；另外，技术创新加大了劳动对象的范围，从而帮助人们发现新的自然原材料。这些都说明了产业结构深受技术创新的影响。索洛把技术进步

---

① 安林丽，马世猛. 技术创新与区域经济发展的关系研究 [M]. 长春：吉林大学出版社，2019.

看作是实现经济持续增长的唯一途径。

（五）技术创新能够增强综合国力

我国正在快速发展，也要求科技要更好地发展。技术创新能够加强我国的国际竞争力，进而达到增强综合国力的效果，如不断研发新产品和新的生产设备等。当今社会科技高速发展，对社会生活的影响越来越大。国家的发展和进步越来越依赖科技创新和先进的管理模式等因素。技术创新完全改变了供需结构，促使产生了许多新的产业，甚至影响了新的世界格局，科技已然成了最重要的生产力，是财富的最大创造者，也是各国竞争的主要要素。

三、技术创新与科技创新的区分

技术创新指的是用新研发出的基础科学如信息、技术等，创造出新的产品，或改善现有的产品。而科学发现是知识创新的基础。知识创新就是根据对大量信息的研究来形成新的观念，揭示事物的客观变化规律。而知识创新、管理创新和科技创新三者共同构成了科技创新。科学发现是知识创新的基础，也是知识创新的重要组成部分。知识创新是技术创新的理论基础，技术创新是知识创新的物质基础。技术创新的目的既包括发明创造也包括技术革新，只是这两种创新的层次不同。另外，管理创新也变得越来越重要，是当今社会、经济发展的重要组成部分。

有人会把科技创新和技术创新看成是一样的，这样的观点有一定的适用意义，但这两者还是存在一定区别的。首先，科学是一个知识体系，是研究的方法论；技术的含义更偏向科学原理的实践经验。而科技包含了科学和技术，科学是技术的理论基础，是发现；技术是科学的实际应用，是发明。这样分析之后我们可以清楚地知道，科技创新和技术创新二者之间既有联系又有区别。科技创新实质上包含了科学创新和技术创新，因为科技创新指的是运用科学知识和方法来创新进而推动技术的进步，利用技术的进步和新发明来转化成生产力的创新。通过比较我们就可以知道，科技创新的范围要比技术创新大得多。科技创新的科学发现和研究可以极大地促进创新。对企业来说，科技创新和技术创新还是有一定的区别的：企业中的技术创新一般指运用企业的内部力量和资金进行自主创新；科技创新对企业来说则还包括联合企业外部资源及其他企业、其他研发部门的力量。

技术创新的主体主要是企业；而科技创新的主体要更加复杂，包括了企业、高校、科研机构等很多组织。这其中企业、高校和科研机构是科技创新的直接主体；政府、市场和金融机构组成了科技创新的间接主体。因为科技创新具有系统性，科技创新的过程是由政府主导，以企业为主体，市场、科研机构和金融组织等多方面要素共同参与、合力发挥作用的。

四、技术创新相关的理论演化

（一）熊彼特技术创新模型

熊彼特曾提出了熊彼特创新模型Ⅰ（以下简称"模型Ⅰ"）和熊彼特创新模型Ⅱ（以下简称模型Ⅱ），模型Ⅰ首次在他所著的《经济发展理论》一书中提出，模型Ⅱ是在《资本主义、社会主义与民主》一书中提出。在模型Ⅰ中，一些企业家快人一步，在别的企业家还未意识到一些潜在的机会时就先行动作，尽管他们知道有风险，依然进行创新。只要这些先行者获得创新成功，他就会获得这项创新短期可观的垄断利润，市场也会因为垄断而出现结构变化，详细图解见图5-1。

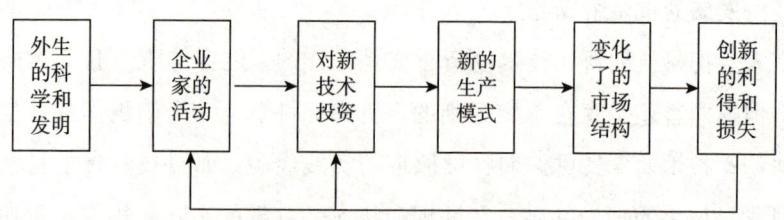

图5-1 熊彼特创新模型Ⅰ

熊彼特在《资本主义、社会主义与民主》一书中，对技术创新模式有了新的阐释，着重强调了创新过程中的新思想：垄断企业的巨大作用、把技术创新经济系统的外生变量转化为内生变量。熊彼特认为持续建立研究部门是有充分理由的，因为技术创新能够使企业进入可持续发展的良性循环。该理论称为熊彼特技术创新模型Ⅱ。这项理论主要认为研发部门是技术创新的发源地，而且技术创新成功后会给企业带来极大的效益，促使企业快速发展，并且获得短时期的垄断利润；而长远来看，后期会出现一定的模仿者，模仿者对创新成功的企业会产生利润分割，打破市场垄断，模型中所论述的技术创新模式的图解见图 5 – 2。

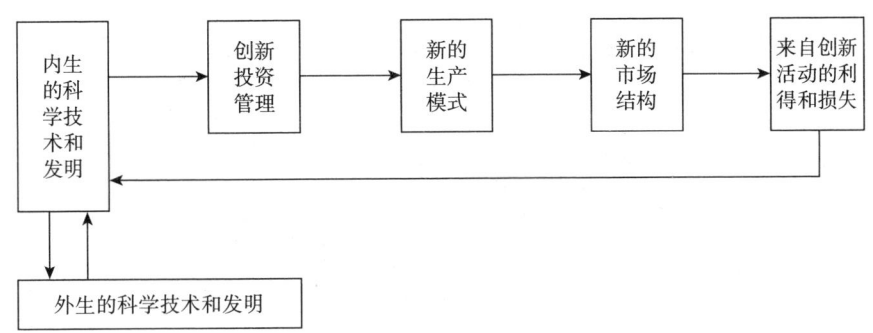

图 5 – 2　熊彼特创新模型Ⅱ

熊彼特的理论观点大致有以下几点。首先，这个理论中创新主体是企业家。熊彼特在模型Ⅰ中曾指出，普通的企业家是不敢贸然进行创新活动的，会担心创新的风险，只有意识到了创新能够带来极大的价值才会选择冒险创新，把创新成果应用到实际生产中，这个过程也是验证创新成果经济价值的过程。其次，突发性、非持续性和偶然性是创新的突出特点，只有革命性的创新才能使经济飞速发展。再次，创新是生产过程中的一个内生变量。在创新的影响下，经济发展水平提高、企业也不断壮大，企业为追求更多的经济利益就会产生继续创新的动力，持续自我更新。最后，从经济理论角度出发，经济有着一定的自我均衡调节功能，能够将经济调到新的均衡处，所以创新总是伴随着经济增长。

（二）需求拉动模式

美国经济学家施穆克勒在他的《发明与经济增长》一书中曾说"决定发明活动的速度与方向的关键因素是市场增长和市场潜力"。这个结论就是市场需求拉动发明模式建立的基础（见图 5 – 3）。这个理论认为市场需求是创新活动中的核心要素，是市场需求引发了技术创新：

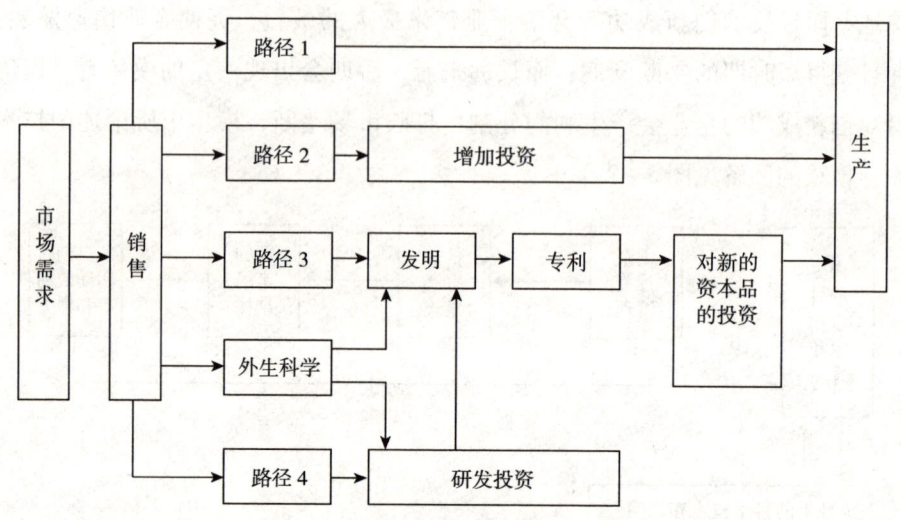

图 5 - 3　技术创新过程的需求拉动模式

后来的学者从施穆克勒的理论出发，将其简化为用单一线性模式表示理论模型：技术创新过程的需求拉动模式。这个模型中所论述的技术创新模式的图解见图 5 - 4。

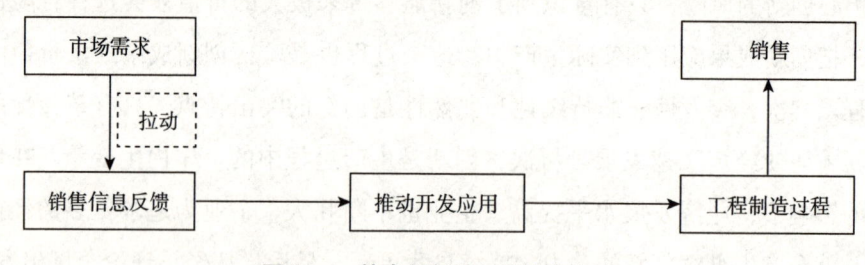

图 5 - 4　技术创新过程的技术拉动

（三）需求拉动与技术推动二元论

但有人认为施穆克勒的线性模型太过粗暴，只是把技术创新简单地归纳为是由上一个环节推向下一个环节的过程，这样的描述很多时候是与实际不符的，于是就有学者建立了技术推动和需求拉动的二元论模型。这个理论认为市场需求是技术创新成功的重要因素。但换一个角度思考，技术创新本身对进一步创新就是一个很大的推动，对以后的技术创新也有至关重要的作用。莫尔、罗斯韦尔和罗森博格等人认为，这个模型主张逻辑上的相互接洽在创新过程中很重要，但形式上的必然连续占的比重就略显不足。我们可以把技术创新分成许多环节，这些环节相互作用，但它们各自的功能作用又不尽相同。这个模型重点强调市场和技术的有序结合，认为市场和技术的协调作用是技术创新的发源。科技研究可能得到的成果和市场需求相一致，是技术创新产生的必要条件。一项技术在发展过程中，技术的推动作用在早期十分重要；而在成熟阶段，起重要作用的是市场需求。不同的阶段会有不同的要求。需求拉动与技术推动二元论的图解见图 5 - 5：

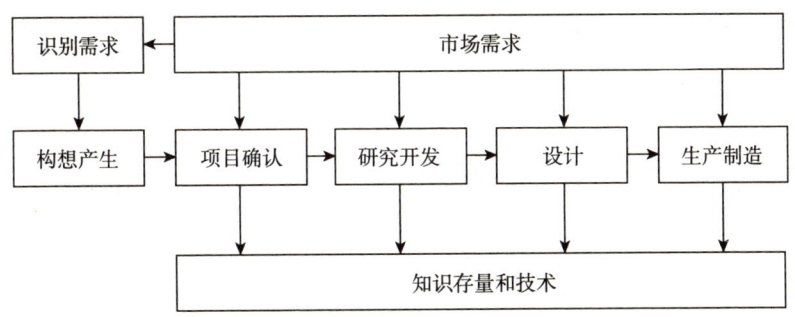

图 5 - 5　技术创新过程的交互作用模式

（四）技术创新系统集成网络模式

道格森发现技术创新的不确定性较高，并且对很多因素的变化较为敏感，他认为技术创新是一个复杂的网络活动。这个系统集成网络模式强调"不同机构系统集成联结网络相互作用的过程"，一改以前的"技术创新过程只是单一个体在创新过程中的职能交叉状态"理论观点。由此我们可以知道，企业间的战略关系是系统集成网络模式最重要的特征，这个系统将专家系统作为辅助，并且利用的是仿真模型而不是实物。使用信息技术后，技术创新极大地提高，并且更灵活、更有效。当然了，企业要想成功地转向第五代过程模式，就必须升级管理模式和组织形式。

技术一直在发展，从未停止，也越来越复杂，影响技术创新的因素也越来越多。系统集成网络模式打开了一个新模式：由概念生成引导实践结果。技术创新系统集成网络模式很好地从侧面反映了人们逐步深化认识技术创新的本质的过程。技术创新系统集成网络模式也与后来出现的"国家创新系统"和"区域技术创新系统"的概念联系紧密。

五、技术创新与经济发展的关系理论

经济学家一直以来都十分重视技术创新对经济发展的重要促进作用。亚当·斯密作为著名的经济学家就曾经阐述了机器和分工方式能够引发超级创造力。马克思也认同技术变化对经济发展具有重要作用。木汉姆、萨缪尔森等许多著名的经济学家也十分看重技术进步对经济发展的重要推动作用。熊彼特就曾经在他的《经济发展理论》一书中指出"创新"也包含了技术进步的概念。

技术进步很早以前就被经济学家重视，但定量研究它的作用大小才只有半个世纪的历史。经济学家丁伯根在 1942 年首次把生产函数作为框架，再运用时间序列资料进行科技进步的测定，紧密联系起了科技进步研究和生产函数。丁伯根的观点表示，资本代替劳动和高效率结合资本与劳动共同提高了劳动生产率。所以，整个生产函数随着时间的变动而变动。丁伯根的改进使利用生产函数测算科技进步成为可能。

阿布拉莫维茨和索洛通过大量的研究也有一定的发现，劳动者的平均产出增长大大地超出了劳均资本量增长可以接受的数量。索洛发现，劳均资本的增长是不能解释美国在 1909—1949 年劳均产出增长 90% 的。马塞尔、奥克拉斯特、雷德韦和斯密等人的研究也证实了索洛的结论。索洛的研究论文发表后，经济学家们在分析经济增长过程时，大多把注意力放在了技术变化的影响上，而不再继续关注资本积累的影响。丹尼森发现，即使考虑资本投入和劳动投入的质量变化、规模经济、部门间资源移动等因素，也仍然不能解释美国在 1909—1957 年生产率变化为 40%。技术变化是指没有得到注解的增长的劳均产出。事实上，这让人误解的原因是技术变化导致了经济兴衰、增加劳动力教育、回报规模变化和资源分配变化等问题。哈罗德·多马对于以

上技术变化的总结更加简单明了，他称它们为"残差"。在索洛的论文发表之后，极力缩小这一"残差"用以研究技术变化，其论文具有开拓性意义，技术进步得以准确地表示出来，而不是一个大杂烩。

乔根森和格里奇斯对于投入增长对产出增长的贡献作出了一系列的调整：为了更好地衡量资本投资，资本价格指数被分解；投入库存利用率被纠正；资本和劳动力流动的价格能够更好地衡量资本和劳动力投入。纠正后，他们发现"残留"仅为 3.3%。根据研究结果可以了解到，经济增长的技术变化貌似起不到作用，由于输入测量误差而导致的技术变化实际上并不存在。但是，这种解释不能被接受。上述与"物化"和"非物化"技术进步相关的调整旨在减少"剩余差异"的贡献。比如说生产能力利用率的改变与新的生产方法，管理和组织有关。资本和劳动力投入质量的变化与技术进步的内在形式有关，如投资活动和工作实践。另外，由利率和折旧率决定的流量价格变化必须和投资活动以及发明和组织的改进有所联系。所以，他们对投入测量的改进也可以说是对技术进步的改进。因此，即使有约根森和格里西提斯的研究成果，用于衡量技术进步的经济家庭总生产函数也被认为合情合理。技术进步是指科学技术和组织管理方面的改进，技术进步能够提高劳动力和资本的"效率"。可以理解为资本和劳动这两种生产要素任一给定投入量，产品数量比以前增加，就是技术进步的贡献。或者说，生产一定数量产品所需要投入的量比以前减少，也是技术进步的贡献。

由此可见，技术进步，既能使资本–劳动比率（K/L）保持不变，又能使劳均产出（Y/L）不断增加。

为了了解技术进步给经济增长带来的好处，必须把技术进步的因素与经济增长模型相结合。普遍的方法是把总量生产函数改写为：

$$Y = F\ (K,\ L,\ t)$$

其中 t 是时间变量，用来表示生产函数所对应的技术水平随时间的变化而不断变化，并且使特定的资本和劳动投入量的产出率持续升高。假设规模报酬为恒定值，则可以将劳均生产函数的形式写为：

$$y = f\ (k,\ t)$$

其中：$y = Y/L$ 为劳均产出；$k = K/L$ 为劳均资本量。

上面两个公式是生产函数与技术进步的一样平常情势。但是把技术进步当作扩大的生产要素是在经济增长理论文献中的一种表达要领。技术进步增加了既定生产要素投入量的产出，这就好比生产要素增长了一样。表示这种扩大生产要素的技术进步的总量生产函数是：

$$Y = F\left[A\left(t\right) K, B\left(t\right) L\right]$$

上式中，产出 Y 不再是资本存量 K 和劳动力数量 L 的简略函数，K 和 L 分别乘以时间函数 $A\left(t\right)$ 和 $B\left(t\right)$，用来表现按效率单位计算包括有效资本存量和有效劳动力数量。

（一）中性技术进步与非中性技术进步

从技术对收入分配的影响可以看出，技术进步包括中性和非中性（储备或资本）两个部分。希克斯在《人为理论》一书中对技术进步的分类进行了介绍：比较资本 - 劳动比（AT/L）对新旧劳动生产函数的影响，劳动函数增长是技术进步导致的。要是资本的边际产出与劳动边际产出的比率（δ）对于给定的资本 - 劳动比例（如 δ）是恒定的，那么这种技术进步就叫作希克斯中立。这种技术进步不会对生产要素在百姓收入中的份额产生影响；假如增长（或减少），那么这种技术进步就是使用劳动力（或资本），但是此种技术进步会使得资本在百姓收入中的份额，即劳动力报酬增加。

包含希克斯中性的牢固比率为 A 的技术进步的总量生产函数可以表示为

$$Y = A\left(t\right) F\left(K, L\right)$$

其中：效率指数 $A\left(t\right)$ 是时间的函数；Y 是产出；K 和 L 是资本存量和劳动投入量；$A'\left(t\right)$ 为 $A\left(t\right)$ 表示对时间的变革率。如果认同连续增长的观点，则上式可写成：$Y = A_0 e^{\lambda} F\left(K, L\right)$

其中 A_0 为初始的技术水平，其他变量的含义同上式。本式表现希克斯中性技术进步按牢固的指数增长率（λ）增长。

在对经济增长模型理论的研究过程中，同样认同哈罗德中性技术进步的假设，这是因为在传统的增长模型中只有哈罗德中性技术进步与稳固增长的要求相匹配。随着经验的证实，同样接纳希克斯中性技术进步的假设，原因是它的生产函数设定比较容易理解。

（二）外生技术进步与内生技术进步

一般来说，技术进步在经济增长理论中是额外存在的，表示它与增长模型的其他因素没有关系，且经济学文章记录中有两种范例的外生技术进步。

机器的生产时期不同，在非结构化模型中的生产率却有相似之处。技术进步可革新生产模式和构造，同时提高新旧资本品的产出率。1959 年，约翰森和索洛提出了资本生产期间的模型。然而，在这些模型中，资本劳动率就不能再变形了。在实证研究中，新呆板和新配置所蕴含的技术进步有许多。布利斯和巴尔丹进一步发展了这种模式。归结起来，技术进步仍然是时间的函数。前后可以不断变化，所以不需要任何假设，并且在资本和劳动之间有一个完全的取代。该模型的特点是预计进程相对简略。

预计物质化技术进步的比例时会出现许多问题。例如，在估算泥子—油泥子模型中物化技术进步的速度时，必须假定资本产出弹性和资本折旧率的值。要是模型假定技术进步分为物化和非物化两部分，那么它也必须假设非物化技术进步的比例。由于参数假设的不合理的价值，这种方法将导致物化技术的进展速度的不合理估计。

从实证研究中得出的假设不能使物化技术的进步得到确立。例如，威肯斯估计了美国在 1900 年至 1960 年的制造期间的 C – D 功能，接受了非物化技术进步的假设，而不是实现进展假设。

技术进步的至少一部分是内生的。卡尔认为一些经济变量影响技术进步的速度，他认为技术进步也取决于投资进程。他假定技术进步取决于外生和内生部分，即劳动者的平均资本存量的增长率。阿罗提出了干中学理论，而不是完全外生的。工人积累生产实践的经验，以提高他们的技术和获得技术进步。

袁佳欣等人指出，索洛的"剩余价值"是用"综合要素生产率增长率"来衡量的，而不是技术进步率——不能用来衡量科技进步快慢。张世英进一步指出了衡量技术进步的两种要领，即"指标体系法和生产函数法"，它们的优点是不可替代的，各有其不足之处。指标体系不能全面衡量技术进步，现在还没有完善的统计指标，因此有其局限性。生产函数法在理论上较为完善。然而，对于企业来说，生产函数的经济机制的利用（生产要素之间的最佳和谐和产出是当时技术水平所能达到的最大产出）是广泛的。

不能对企业技术的诊断起到肯定的作用。无论是生产函数还是指标体系都用来评价生产体系的技术进步，不能达到逾越谋略的目的。由于缺乏对这种技术要素在生产进程中的作用的深入分析和评价，因此，很难为企业技术决定筹划的制定和相应的技术步伐提供具体的引导。为此，联合国经济社会委员会推荐了一种评价要领——TIOO技术评价要领。

区域技术创新与经济增长的关系也在外国积累了大量的研究结果。柯布－道格拉斯生产函数引入了技术进步自变量，但无法表明其意义。哈罗德－多马模型假定技术水平连接稳固，技术进步被认为是经济增长的外界因素。以后，新的经济增长理论在技术进步内化方面取得了突破，并提出在技术进步条件下，可以躲避资本边际收益递减，连接经济增长的可连续性。

有大量的文献对技术创新在经济生长中的作用也有实证研究。在《美国经济增长趋势（1929—1982）》一文中，据丹尼森测算，1950—1969年，在主要发达国家，只有知识进步（包括基础广泛的技术进步）对经济增长贡献约30%。1953—1957年日本为92.4%。丹尼森还分析了1929—1982年美国经济增长的因素。他发现，在人均国民收入增长中，资本增长起了小部分作用。在不同的时期，美国人在国民收入中的生产率增长（可以认为与技术进步相当）的比例一直很高。1957年，索洛推断1909—1949年美国制造业技术创新产出占87.5%。以美国为例，在工业化初期，生产要素投入对国民生产净值增长的影响占主导地位。随着经济增长要领的渐渐变化，科学技术和高效资本投入的因素在经济中使美国经济增长的作用得到加强，技术进步（反映在生产力上）的影响也得到加强。

关于技术进步对区域经济增长作用的研究，杨来平、程大建等学者对深圳经济增长的技术进步测度与分析认为，深圳经济增长的技术进步已成为主要动力，深圳都市高新技术产业的迅猛生长是技术进步发挥作用的主要因素。胡国良、张力对新疆经济增长因素进行了实践分析，认为新疆经济增长为资金驱动型，但技术进步也成为新疆经济增长的重要因素。

第三节 技术创新评价指标体系

一、技术进步对区域经济发展影响模型

通常索洛模型是绝大多数经济增长问题研究的出发点，是经济增长理论研究的基准模型。为了规避意愿增长率与实际增长率不同对经济增长的制约，索洛模型中将柯布－道格拉斯生产函数作为研究的基本依据，其形式为 $Y = F(K, L) = AK^{\alpha}L^{\beta}$。其中，$Y$ 为产量，K 为资本，L 为劳动，A 为劳动的有效性，即技术。α 和 β 分别表示资本投入和劳动投入在产量增长中的贡献度，$0 < \alpha, \beta < 1$。当 $\alpha + \beta = 1$，且 A 不变，即技术不发生改变时，该生产函数为规模报酬不变。

$$Y = F(\lambda K, \lambda L) = A \cdot (\lambda K)^{\alpha} \cdot (\lambda L)^{\beta} = \lambda^{\alpha+\beta}AK^{\alpha}L^{\beta} = \lambda Y \qquad (1)$$

由（1）式可知，当资本和劳动的投入量同时增加 λ 倍时，产出也同比例增加 λ 倍，从而得到中性技术进步结果。但由于发达国家不存在经济结构转型问题，市场经济也健全，因此资本和劳动投入占产出的份额呈不同幅度下降趋势，表明技术创新偏向性对资本和劳动产生非对称作用，而不是中性技术进步结果。并且我国现阶段资本和劳动投入在产出中的份额与技术创新的融合越来越突出，呈现出资本体现式技术进步。

基于此，将非体现型技术进步和资本体现型技术作为变量引入柯布－道格拉斯生产函数，从而得到公式（2），更加全面地考虑技术创新与技术进步对经济增长的影响。

$$Y = Ae^{\mu}(\varepsilon_1 D_0^{\alpha}e^{\delta\alpha t}K^{\alpha} + \varepsilon_2 e^{\eta\beta t}L^{\beta}) \qquad (2)$$

在公式（2）中，Ae^{μ} 为第 t 年非体现型技术创新指数，μ 为非体现型技术创新因子，D_0 为实物设备折旧对资本投入的效益影响系数；e^{δ} 和 e^{η} 分别表示

第 t 年的资本投入的质量系数和劳动力质量系数，其中 δ 为体现在新的实物设备上的技术创新因子，η 为体现在劳动力质量提高上的技术创新因子；L 为第 t 年的劳动力投入，K 表示第 t 年资本投资的净值。

二、估算体现型技术创新因子和非体现型技术创新因子

按照一般经济学中的研究方法，假设资本和劳动的报酬分别以资本的边际产品和劳动的边际产品表示。当技术创新在经济增长中以非体现型呈现时，公式（2）中的 δ 和 η 均为零，此时计算劳动的边际产品，可得：

$$\frac{\partial Y}{\partial L} = Ae^{\mu}\varepsilon_2\beta L^{\beta-1} \tag{3}$$

在公式（3）中 $\frac{\partial Y}{\partial L}$ 可理解为社会工资率，因此只要知道 $\frac{\partial Y}{\partial L}$ 和 L 的相关数据，即可得出 μ 的最小平方估计，即非体现型技术创新因子。

同理，根据上述方法亦可求出 δ 和 η 的值。

第六章　我国区域经济发展与技术创新分析

对于区域经济发展和竞争力来说，区域技术创新的强弱是衡量它的重要标准，这个标准还对区域经济的发展和竞争起决定性的作用。区域技术创新促进经济增长问题的研究还有待进一步深入。因为已有的理论对于区域技术的创新与促进经济增长的具体方法和内在机理缺乏深刻认识。

第一节　技术创新与区域经济增长的机理分析

本节将从企业层面和区域层面两个方面，来了解区域技术创新推动经济增长的作用，探究区域技术创新对经济增长产生作用的内在机理。

一、技术创新促进区域经济增长的机理简述

要想明白区域技术创新是如何对经济增长发挥作用的，要从计量经济学的角度和理论上研究其作用机理并进行实证，这样才可以明确并且完整地把握这个问题。所以，本章将展开对区域技术创新促进经济增长的作用机理的讨论。

（一）区域技术创新促进经济增长机理的资料概述

熊彼特是最早研究技术创新的，他研究过技术创新促进经济增长的机理问题这一命题，他没有直接解答这个命题，他的论述主要偏重探讨资本主义经济周期与技术创新。

后来，20 世纪 80 年代中后期产生了侧重于将知识和技术等要素内生化的

内生增长理论，这一理论的代表作家罗默、卢卡斯等人在一系列严格假设条件下，构建了许多用来理解人力资本、知识等要素对经济增长作用的机理问题的模型。却由于内生增长理论大致上与区域层面的技术创新问题无关，所以也没有直接回答出区域技术创新推动经济增长机理这个命题。

国内学者范柏乃认为技术的创新主要是利用使产业结构更加优化、企业核心竞争力提高、烫平经济危机周期、增加产品技术含量等方法来促进经济的增长。在这一过程当中，生产要素和经济增长的质量提高是技术创新的主要标志和直接结果。范柏乃的技术创新促进经济增长这一作用机理可以用图6-1来概括。

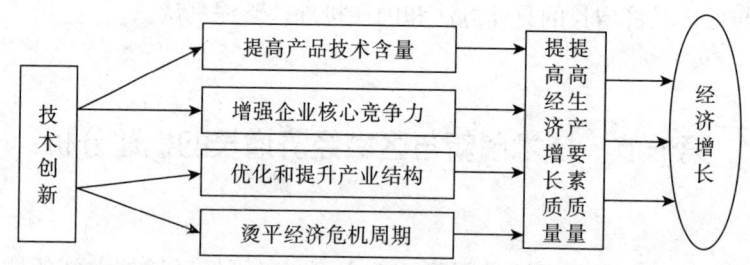

图6-1　范柏乃的技术创新推进经济增长作用原理的示意图

他解释了技术创新对促进经济增长的机理，他的论证很充分，然而区域层面他的论述没有提到，所以没有办法解释这一机理。

王瑾对区域技术创新促进经济增长的机理做了研究，得出技术"长久"区域经济的过程是技术创新，技术创新对区域特色经济起到了增强和巩固的作用，并且是推动区域产业结构转换的核心动因。由于王瑾的文章篇幅比较短，只是从技术创新对区域主导产业、区域产业结构方面的作用来阐述这一机理，对经济增长的其他关键因素像经济增长方式、成本等问题并没有展开论述。因此，有必要进一步在这方面加强研究。

（二）区域技术创新推动经济增长机理影响的思考

通过图6-2可以较直观地了解区域技术创新对经济增长的作用。图6-2当中，某一区域所生产的简化过的两种产品是 X 和 Y，生产可能性曲线是 AB

线。AB 线上有着产出水平和产出组合（这是没有技术创新条件下，用全部可用的资源生产出来的），但是，技术创新后，总产出增加，AB 线将移动到 CD 位置。这说明，区域技术的创新是促进经济增长的一个因素。当图中的产出结构从 E 点移动到 F 点，随着区域技术创新的推动，经济得到增长，经济结构也会发生变化。

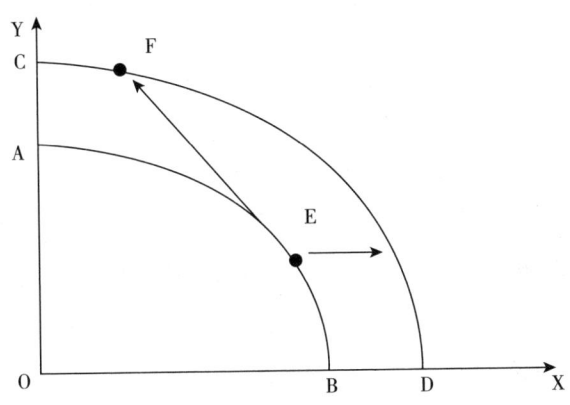

图 6-2　生产可能性在技术创新作用下的曲线

细心观察区域技术创新作用下产生的这个变化，其实这个变化是三种效应共同作用产生的。第一种是成本效应。因为要求利润最大的同时也是在要求成本最小，所以成本减少对提高企业竞争力十分重要。达到的单位产出成本的降低，需要用技术的创新来优化要素的组合和新资源代替旧资源等方法。第二种是品质效应。为企业产品品质与信誉的上升，运用技术创新来使产品更加多样并提高产品质量，从而满足消费者潜在的对产品多样化和高质量的需求。和原来的产品比较，创新后的新产品改善了其性能或质量，会增添消费者更多的信任，给其带来更高的效用。如此会产生品质效应，它直接影响着企业的竞争能力。第三种是结构效应。区域技术创新通过影响经济结构，使区域层面上的产业结构和经济增长发生变化。

在企业区域技术的创新下，企业层面会出现品质和成本效应，区域层面会出现结构效应。提高企业的市场占有率和竞争力得益于成本效应和品质效应；区域经济增长质量的上升、条件的变化、发展效率的增加和经济的稳定发展都是由于结构效应。结构效应会使经济发展得更加稳定，经济增长的质量上升，条件发生变化，使其发展的效率提高。

熊彼特提出了关于技术创新理论的一个重要的观点："技术创新是经济增长的源泉。"他认为技术创新可以推动经济波动的发展，即创新的出现会促进企业取得超额的利润，从而引起模仿，这又会引起创新的浪潮，让经济更快地走向高潮。当模仿占据企业的大多数后，创新浪潮就会消失，经济的发展也就停下来了。经济要想继续不停地发展，就一定要不停地创新。熊彼特的观点可以这样解释：个别企业先进行创新，然后获得成本与品质效应，从而使企业的竞争力得以提高；然后社会上其他企业进行模仿和竞争，创新的发展促进增长方式与整个社会产业结构产生转变。这样使经济走向发展的高潮。在变化实现后创新活动便终止了，经济结构变得稳定，经济增长变得缓慢。明确区域技术创新推动经济增长，首先要认清成本效应、品质效应和结构效应这三大核心。事实上，在企业和区域层面上的结构效应、成本效应和品质效应相互联系，图6-3阐述了它们的联系。

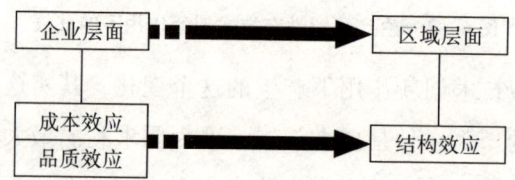

图6-3　区域技术创新推动经济增长机理三大核心之间的关系

图6-3中，通过区域创新的推动，企业区域层面上形成的结构效应，最后受成本和品质效应的影响。成本和品质效应是其微观上的基础和前提的条件。成本效应在产品生产过程中实现了新旧产品和生产方式的更替，让企业淘汰了耗能较高的产品、提高了要素投入中的知识含量。品质效应让产品多样化、使产品的质量提高，新产品一方面会使产品的结构产生变化，另一方面改变了新旧产品的结构，使产业结构发生变化。此时，新产品品质效应的开发，微观方面使产业结构发生变化并且推动了产品结构的改善，使产品生产方式改进而且改变了经济的增长方式。因此，企业层面上的成本和品质效应将直接导致区域上结构效应的产生。结构效应是成本和品质效应在区域内的表现和必然结果。

二、企业与政府的博弈产生创新主体

在市场中，技术创新的主体除了企业，还有科研机构、个体研究者等。在市场上把企业作为技术创新的主体，是由于技术创新有特殊的运行机制，其运行的前提条件有两个：第一个是创新者在市场需求出现时，拥有相应的研发能力；第二个是有同行业者的竞争压力。在这个前提条件下，从长期来看企业创新的收益大于成本，所以企业一定选择创新。即长期来看企业创新将让其在竞争中获得更有利的地位，对应对市场的需求、争取市场份额、打击竞争对手都有利，对获得更多的商业利益也很有帮助。选择企业作为研究技术创新的主体，用来分析它对经济增长的影响更合适。企业比其他主体作为创新主体的创新动力更强，它的创新成果对生产部门的作用更具有针对性，有利于提升部门生产效率和全社会的生产效率。

在市场中政府作为主体，能更为宏观地考虑技术创新推动区域经济发展。政府来推动某区域经济发展技术创新是"雪中送炭"式的手段：当某一区域处于区域经济发展的瓶颈阶段时，政府会利用技术创新让经济有突破性地增长，并运用相应的政策和资金支持来促进技术的研发。然而政府对于谋取高新技术的创新在中长期给区域经济带来的收益缺乏动力，若某一区域经济发展处在稳定期，政府行为短期性的特点会让政府增加现有资源的使用，用来促进经济持续增长。

研究技术创新，必须要注重企业与政府间的关系。政府有激励政策和限制性政策，前者对企业创新有正面的促进作用，尤其是经济发展变慢，甚至出现问题的时候，政府的正向政策和资金扶持会加强企业的创新动力、提高企业的创新速度并减少企业的创新风险，从而达成创新；后者则会削弱企业的创新动力、放慢其创新速度、加大其创新危险。

三、区域技术创新在企业层面促进经济增长的机理

（一）成本效应与品质效应为企业层面机理的核心

熊彼特提到，企业家是创新活动的主体，但在特定区域内的企业家才可

以是区域技术创新的主体。所以需要从区域里企业的技术创新，来认识区域技术创新对经济增长的机理。

企业家在创新上具有意识和能力，他们是在创新上单独地经营和生产商品，让企业家创新的前提是市场需求、占有率还有潜藏的垄断利润。利润最大化是企业的目标，而占有稀有的资源便能取得超额的利润，创新的成果就属于稀有的资源。取得专利的新发明便是唯一并且稀有的资源。这时拥有这个新发明的企业就可以获得具有垄断地位的利润。具有创新的垄断利润直接对企业竞争力有影响，它是企业进行创新的动力。在创新预期时垄断利润的激励下，企业家在生产实践中组合并且运用生产要素，从而提高企业的市场地位和市场占有率，为其提供有利的物质条件。在技术的相互模仿和扩散下，创新的垄断性和新产品的稀缺化都将渐渐不存在，所以超额利润企业必然不能再取得，所以就需要企业继续不断地进行创新。

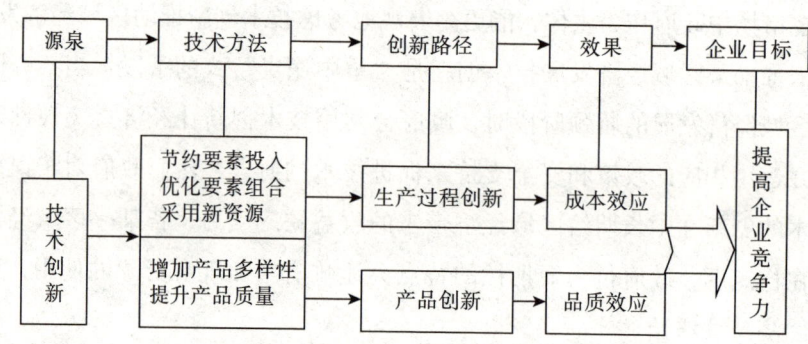

图6-4　区域技术创新在企业层面上促进经济增长机理

在不同技术的创新过程中，企业一直都有非常明确的目标，这就是通过技术创新来使企业竞争力提高（见图6-4）。企业能运用许多技术创新的方法来达到这个目标，例如：想要使投入的要素资源不再稀缺，可以运用优化要素之间的组合、要素进行节约投入、选取新资源、采用多样的产品、提高产品质量等技术方式。

在图6-4里，特定区域里的企业开始实行技术创新，用来取得垄断的利润，使企业的竞争力提高。若企业创新是在生产过程中进行的，即运用优化要素之间的组合、减少要素和新资源的投入等方法，若运用提高产品的质量、使产品更加多样等方法，那么企业展开创新是沿着产品创新路径的。若沿着生产过程创新路径前进，那创新成功的结果便是企业取得成本效应，即降低了生产的成本、增加企业的利润；如果在产品的创新上向前，那么企业能获得品质效应就是创新成功后的效果，即企业新产品可用高质量和多样的品种来使消费者的需求得到满足，这样能让市场的销路变宽。运用的技术方法不同，会产生不一样的创新路径，最后的经济效果也会不一样。

技术上的创新是技术经济化的过程，它的起点是技术，终点是经济。技术方法与创新路径不是经济意义上所说的创新诉求，是技术方面的活动属性。提高企业的竞争力不是技术方面的创新，而是企业经济方面的活动属性。成本效应和品质效应不仅有技术的属性又有经济效果，它们给企业创造经济方面的利益和技术创新的成果。技术创新从技术的过程向经济的过程转变需要成本与品质效应这个纽带，这是技术的创新促进经济增长机理的要素之一，是企业层面机理的核心。正是成本效应和品质效应造成了企业的独特地位，为企业创造了创新垄断利润，也提高了企业的市场竞争力。

（二）企业层面机理核心之一体现为成本效应

企业如果采用节约要素投入、优化要素组合、采用新资源等技术方法，那么技术创新就是沿着生产过程的创新路径开展，企业就可以取得成本效应。"企业在竞争中经常使用成本领先战略。在行业里，高于行业平均利润的利润由总成本最低的企业获得，一种壁垒能产生，在企业的各个环节能实现许多降低成本的方法，但其中最主要的方法是技术的创新。"企业在生产的过程中从创新出发，运用优化要素之间的组合、节约要素的投入、运用新资源等方法的时候，就能产生成本效应，企业的竞争力也能加强。企业技术创新促进经济增长机理的核心之一是成本效应。

1. 节约要素的投入

节约要素投入是指区域技术创新节约了劳动力、资本投入等，所以直接降低了生产成本，获得成本效应。

由于技术方面的创新对资本和劳动投入要素影响程度的不同，所以遵循要素比例标准分类原则，技术创新可分为三大类型：劳动节约型、资本节约型和中性型。假设只有资本和劳动两种要素投入，而且工资率和利息率不变即生产要素价格不变，如果技术创新导致资本劳动比上升，就是劳动节约型技术创新；如果技术创新导致资本劳动比下降，就是资本节约型；若技术创新对要素的投入比例没有影响，就是中性型。在图 6 - 5 中，横轴代表劳动投入量，纵轴代表资本投入量，曲线 I 表示技术创新前的等产量曲线，I_a、I_b、I_c 为技术创新后的等产量曲线，它们都是不同资本与劳动组合下的相同产量，即有：$I = I_a = I_b = I_c$。可见，等产量曲线 I、I_a、I_b、I_c 虽然位置和时间不同，但是代表的产量却相同。直线 KL 以表示要素价格比例曲线（或称等成本线），射线 OE 表示资本劳动比。

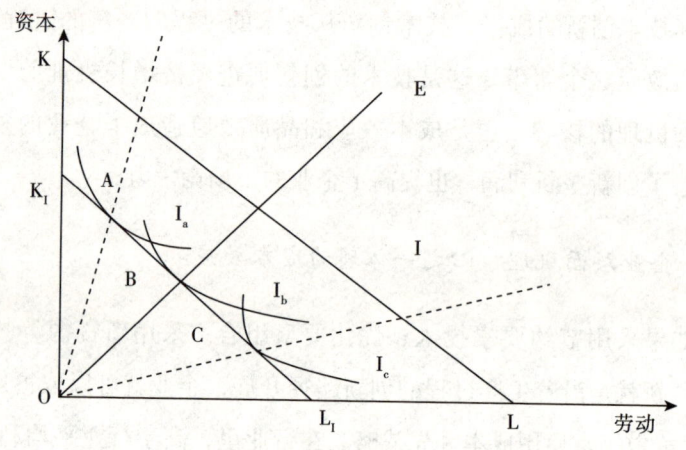

图 6 - 5   按要素比例标准划分的技术创新类型

如果劳动和资本的比率一直不变，在技术创新过后，在曲线 I 向原点方向移动时，表明一样的产量只是需要较少的劳动投入和资本，所以要素价格的比例曲线也由 KL 移动到 K_1L_1（向原点方向平移）。此刻，技术创新后生产要素的最优组合点便是等产量曲线与等成本曲线 K_1L_1 交叉产生的新切点，技术创新的类型不同决定它的位置也不同。若等产量的曲线变到了 I_a，交点在 A 点，表示劳动节约得多，如果资本和劳动的比率上升，OE 超过原点逆时针穿过 A 点，那么技术的创新是劳动节约型的。如果 OE 射线移动到 I_c，与 C 点相切，那资本会减少得更多，这时资本和劳动的比率下降，顺时针旋转穿过

C 点，这时技术的创新是资本节约型的。若 OE 移动到 I_b，与 B 点相切，此时资本和劳动比率不变，OE 位置不变，这时的技术创新是中性型的。

无论技术的创新是资本节约型的、劳动节约型的还是中性型的，创新的结果有一点总是一样的，那就是等成本曲线（要素价格比例曲线）由 KL 移动到 K_1L_1 意味着生产等量产品的总要素成本（资本与劳动总价格）降低了。所以技术创新的经济效果在这里体现为直接节约了要素投入成本。

之所以有这种节约效果，根本原因在于区域技术创新深入并扩展到生产的诸要素中，使区域生产力发生质变。现代科学技术是经济发展的推动力量，技术的创新能在产量不变下节约要素的投入，改变各个要素的形态，使要素在区域经济发展中的功能、质量及使用效率提高。在技术创新作用下，一是劳动者的素质大大提高，从而提高劳动生产率并节约了生产中的劳动投入量；二是劳动工具日益自动化、智能化，生产效率更高并在一定条件下节约资本投入量；三是区域技术创新的发展提高了区域科技信息的水平和信息转化为知识的能力及其效率，使沟通成本降低，因而能节约信息交流中劳动与资本的投入；四是技术创新使学习成本减少。也可以改变工作的方法并提高工作的效率，从而使学习曲线出现下降。利用学习曲线原理，还可使产品成本降低。利用效率更高的要素结合模式和组合方式，随之提高了要素的使用效率，并让总要素的投入成本降低，最终产生成本效应。

成本效应就是在区域技术创新的前提下，拥有了更加科学的组织与管理，使要素结合模式更加优化。区域技术创新促使管理模式和企业组织形式的革新，使组织与管理更加科学、高效。技术创新让区域生产要素的功能和形态产生积极的变化，以此产生比较优势使企业持续发展。企业管理与组织的水平在技术创新下不断提升，所以能让生产力诸要素结合在一起，如此一定能优化要素结合模式和组合方式，管理成本乃至生产成本会下降，成本效应也会随着管理成本乃至生产成本的降低而随之出现。

2. 采用新资源

区域技术的创新通过发现、创造和利用新能源等使要素资源的使用范围扩大，是采用新能源的具体方法。这个方法让要素没那么稀缺，并且打破了要素边际的收益规律，使生产要素的成本效应大幅度降低。

首先，可以利用的自然资源通过技术的创新变得更多，以前没有生产过的新能源、新材料，它们被发现、利用和创造，生产成本便也随之降低了。总的来看，科学技术的发展和人类对自然资源的利用密切相连。技术创新在开发资源上的一个重要特点，是分析物质的微观结构、运用其宏观性能，以此能为社会生产力创造优越的新材料和新能源。随着技术创新的发展，人们对自然界的认识也更加深入，并且渐渐提高改造自然的能力，所以自然资源的利用范围和新材料也不断扩大，新能源层出不穷。新资源的出现扩大了要素的种类范围，使已有要素的资源稀缺得到缓解，也在一定程度上克服了要素收益递减的规律，为降低生产成本提供了捷径。

其次，技术创新使我们对自然资源利用程度不断加深，能对原有资源进行深度开发与加工，提高其利用价值，降低生产成本。这主要表现在对同一种自然资源，由于技术创新的作用，可以不断提高其利用程度。例如，石油最初只是"可燃烧的液体"，随着炼油技术提高而可以经过多次裂解，变成从轻油到沥青的多种油类产品，满足人们多种用途。同时，石油化工技术的提高，又把石油变成了能够生产千万种产品的化工原料。随着技术创新的发展，人类逐渐深入地开发自然资源，并发现其价值，体现在生产领域就是可利用要素资源更多了，这有利于克服要素资源的稀缺和生产成本的降低。

总的来说，技术区域方面的创新让人类更加深入地扩展了对自然资源的开发利用，它通过改变材料的物理或化学属性导致新材料的出现，通过对原有资源的深度加工导致资源的再利用，克服了自然原材料对生产发展的限制。由创新导致的可用资源的增多为降低资源的稀缺性创造了条件，阻挡了要素边际收益递减趋势，促进生产成本的降低并产生成本效应。

（三）企业层面机理核心之二体现为品质效应

企业假如运用水平创新——使产品更加多样，运用垂直创新——使产品质量更高，那么技术创新就是沿着产品创新路径展开，这时企业能拥有品质效应，在企业层面上这个效应，是技术创新促进经济增长机理的第二个核心。

成本效应和品质效应在企业层面组成了技术创新推动经济增长机理的两大核心。

产品创新包括产生新产品和更换旧产品。依靠技术创新，企业能不断改进产品，不断研制出适合用户需要的新产品。之所以技术创新形成的产品创新，可以使企业竞争力提高，是因为技术创新不但能使产品性能、类别、品种、质量等方面更加新颖，也会产生创新者不同的优势。一个企业的产品或服务与其竞争对手产生差异时，才可以吸收更多的顾客，占据市场。这种差异化战略属于竞争战略，产品或服务的独特性决定差异优势的形成。所以，技术创新带来的差异优势可以帮助企业获得竞争优势。无论是开拓国内市场还是国际市场，企业都可根据技术发展状况和消费倾向，通过技术创新来进行产品创新，以此确立相对于竞争对手的差异优势，并获得品质效应，最终达到企业竞争力的提升。

产品的创新包括两大类：第一类是不断增加丰富产品多样性，进而创新产品。另一类是通过提升产品质量，达到创新。第一类产品创新，主要体现增加产品多样性，定义是指具有新功能的创新产品。该类创新产品能够带来消费多样性的增加、产品链条的延长，生产分工及专业化深化等。

增加产品多样性的创新能够根据消费者对多样性的偏爱，增加消费的多样性，使生产更加专业化，从而让新产品具有新的功能。由于这种创新产品与原有产品存在水平关系，因此也被称为水平革新。提升产品质量的创新的定义是指新的产品和原有产品在使用中没有太大的差别，但是产品质量比原有产品更加耐用。提升产品质量的创新能够有效提高产品的使用性能、效率，能够在同样生产成本下使新产品提供更多的产品服务。这种创新的新产品与原有产品之间存在着垂直关系，也就是说，创新产品与原有产品功能相近，但质量有所提高，因此也被称为垂直创新。

1. 增加产品多样性的创新

它是指技术创新通过设计、开发新产品，使新产品相比于原产品增加了新的产品功能，进而产品多样性也随之增加，能够满足消费者对产品内在的多样性需求，促使企业提高产品品质和信誉。相对于原产品，增加产品多样性的创新能迎合消费者对多样性的偏好，给消费者带来更大的效用和更多的信任，从而形成品质效应。

增加产品多样性的水平创新是如何推动经济增长的呢？通过技术创新，产品的多样性主要体现在产品的花色和品种等方面，从而显示出产品的不同，新的产品有不同的产品风格，更加容易区分自己的产品和竞争者的产品，更加能满足消费者的需求，而且还能促进顾客消费，使消费者不断增加，新的产品就会出现新的品质，能够帮助扩展市场，扩大市场份额创造有利条件，能够增加均衡产量，进而促进经济增长。这个机理可以表述如下：技术革新→产品多样化→满足消费者需求→扩大消费群体/促进消费→形成"新"的品质效应→开拓新市场→扩大市场份额→增加均衡产量→促进经济增长。

2. 提高产品质量的创新

提高产品质量的创新从而推动经济增长有什么样的机理呢？提高产品质量创新，能够有效提升产品的性能和品质，从而总体提高产品质量。高质量的新产品能够增加消费者的偏好，如此，创新会形成品质效应，促进消费者的需求。新产品需求的提升能够刺激消费，因此一定能带动均衡产量上升，从而促进经济的增长。

综上所述，提高产品质量的创新以推动经济增长的机理是：质量创新→提升产品质量→增强消费者偏好→促进消费→增加产品需求→促进经济增长。

我们通过对比产品多样性的创新和提升产品质量的创新可发现，这两者在经济机理的作用是不同的，主要表现为：增加产品多样性的创新以通过满足消费者潜在需求的方式刺激消费，可以形成品质效应，以达到创造经济增长目的，提升产品质量的创新则是利用消费者对新产品的偏好，刺激消费，形成品质效应，进而促进经济增长。因为在创新产品推出之前，消费者潜在的需求没有成为实际需求，所以增加产品多样性的创新就成了创造需求的行为，消费者的偏好增强也说明消费者把偏好从旧产品转移到新产品上，如此一来提升产品质量的创新就会有"毁灭性创新"的效应，与此同时这种创新行为就会冲击原有产品的销路。

这两者之间存在的共同点表现为：增加产品多样性的创新和提升产品质

量的创新都是在质量或品质上创造不一样的产品，用来满足新的需求，可以扩大市场份额及开辟新的市场，如此可以在原有的基础上扩大生产规模，同时带动经济增长。所以这两者在推动经济增长的机理方面都是通过品质效应创造或者转移市场需求方面促进经济增长，二者都是从需求方面推动经济增长，同时体现出产品创新路径和生产过程创新路径的差异。

四、技术创新在区域层面促进经济增长的机理

（一）区域层面机理的核心体现为结构效应

从经济史方面来看，人类社会经济不断发展，三大产业的地位也在不断变化。工业经济取代农业经济，产业结构也相应地由第一产业占主导转变为由第二产业占主导，再到后来，人类由工业经济进入知识经济，第三产业也随之取代了第二产业，成了主导产业。随着新兴技术的发展，社会经济也进入了崭新的时代。而这些发展变化，推动了不同经济结构的形成。

为何在技术创新的作用下，各个地区的经济结构不尽相同。这主要是因为不同区域对产业专业化的侧重，技术创新方向、层次等方面的要求不同，使得区域技术创新具有了浓厚的属地色彩。

区域技术创新不仅是经济结构变迁的重要因素，而且还决定了区域内生产要素的组合方式，并且随经济结构变迁而来的是不同地区经济的发展。随着技术创新不断发展进步，在技术因素和非技术因素方面的投入也和之前有所不同，从而改变了增长方式，加速了经济发展。

区域经济增长方式的转变与产业结构的调整带来了一个结构效应：区域技术创新，从不同地域角度来看，创新推动经济增长的关键就是这一效应。图6-6则很好地体现了区域技术创新促进经济发展的理念。在区域技术创新影响下，区域内的人员分工、需求及产品结构都在一定程度上有所改变，而且，随着不同地区内各个生产要素的组成及生产运营的方法不断优化，从而会促进各个地区调整产业结构，积极转变经济增长方式。因为大多数企业在经济增长方式上发生了改变，积极调整产业结构，所以，在技术创新方面也随之产生了结构效应。而且，结构方面的优化提升相应地推动了经济增长质

量的提高、运行模式的改变，从而促进区域经济的增长。由此可见，从区域层面来看，其关键就应该是结构效应，因为经济的增长是技术发展在结构效应方面所体现出来的。

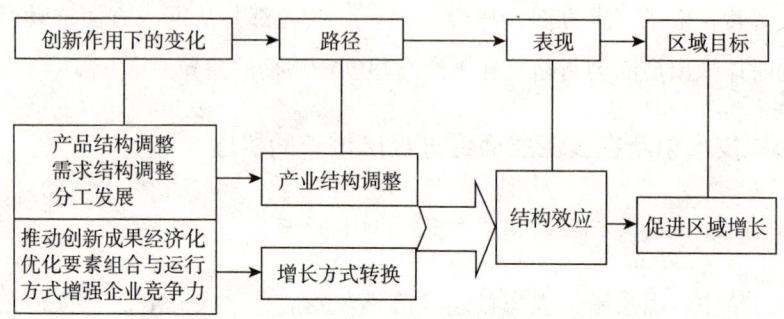

图6-6　区域层面上的技术创新对经济增长作用机理

产业结构的调整和经济增长方式的转变带来了结构效应，所以，本节将从这两个角度展开讨论。

（二）结构效应路径之一体现为产业结构调整

产业结构指国民经济内部各个产业之间及相同产业内各部门之间的占比关系，及各个产业和部门中的技术创新变动和扩散的相互联系，并且产业结构在整个国民经济结构中占有重要地位。一般来说，一定区域内通过技术创新，从而推动其内部产业结构的改变，很好地体现了技术创新对经济发展的重大影响。区域内产业结构的改变产生了结构效应，并最终创造了区域经济的发展。由于是在各产业部门增长的基础上实现了经济增长，经济增长的本质就是各产业部门的增长，所以经济发展要求各产业部门之间要保持合理的比例结构。合理和高级化的产业结构，能使经济资源得到合理利用，各产业协调发展，有利于取得更佳的经济效益。不合理、低级化的产业结构会降低经济增长的质量，并最终会影响区域经济的发展和增速。各个区域通过改变并进一步优化相关产业结构产生了刺激经济增长的效果，促进了区域内经济发展。

1. 区域技术创新对产业结构变动的影响

（1）有利于推动产品结构的优化调整。技术上的发展，促进了新产品的诞生，进而带动了相关新兴产业的发展，并最终带动当地产业结构的调整。一般而言，一个区域内如果有新的产业出现，那么就是通过以下两种途径产生的：一是新的生产方式或新兴产品的规模增大，从而形成了新兴产业；二是原有产业竞争能力下降，不断分化，被新产业取代。与区域技术创新发展有直接关系的就是原有产业竞争力下降，逐渐分化，以及相关新颖产业的生长。创新技术带来的新产品与新兴产业的出现有着紧密联系，并且更深层次的技术创新会在很大程度上降低相关部门的生产成本，使得该部门迎来大规模经营生产的飞速增长时期。新产品的大规模生产与新产业部门的形成，会对生产旧产品的产业部门形成竞争压力，迫使其逐渐消亡。这样，在不断有新兴产业出现并蓬勃发展的情况下，原有的旧产业面临种种压力，逐渐衰落，乃至消失。从中可以看出，之所以原有的落后产业区竞争力有所下降，甚至到最后的消亡，就是因为区域内的技术创新带来了新的产品，新产品不断更替，相关新兴产业则顺势而生，但这也极大地提升了自身区域内创新产业结构的进度。

（2）促进需求结构的改善。技术革新会直接或间接导致需求结构变化，对产业结构调整带来引导作用。消费结构之所以会发生改变，一个重要的原因就是创新带来了一系列新产品，并推动产品更新换代速度的提升，最终使消费者的需求发生改变。生产的首要条件是市场需求结构，所以，一定程度上，市场需求结构和产业结构的变化是呈正相关的。从一种角度来看，随着技术的创新，人们在生产和生活上都产生了新的需求，相应地也会推动相关新型产业的发展。同时，这也会使部分原有的需求下降，从而导致相关落后产业的衰败，在这种情况下，就会造成相关产业结构与之前相比发生极大改变。简单来说，技术创新不仅造成了产品结构的改变，还推动了相关产业的消费结构发生极大改变。从另一种角度来看，企业在技术上的创新使得商品的生产成本和价格在一定程度上都有所降低，这就相应地推动了消费市场的扩大，使得之前的购买欲望转变为购买能力。由于新兴产业的兴起，不断创新出新产品，这也就推动了城市人均消费水平的提高。而作为消费者本身，不管是因为收入水平的提高，还是出于对新产品的兴趣，都会产生一种新的消费需求，从而推动需求结构的转变。这样，由于消费结构发生了改变，相应地产业结构也就发生了变化。

（3）有利于分工进一步深化。相关产业在技术专业化程度上不断提升，以及社会中各个人员分工水平的提高都与技术创新有莫大的关系。而且，产业技术创新，有利于经济社会和各个区域内产业分工的深化，而这反过来也会推动新兴产业的发展。以 18 世纪的英国为例，英国在此时期进行了产业革命，此次产业革命的标志是蒸汽机的发明及使用，在产业革命后期，英国基本建立了现代大机器工业，工业也成了经济中的主要部门。以英国产业革命为起点，在其以后的企业产业结构的改变及新兴产业的涌现都与大的技术改革有关。

此外，技术创新之所以能促进相关企业优化在投入与产出方面的比重，是因为各个企业之间有着紧密的技术上的联系，并且这一联系通过就业结构的变化推动了产业结构的调整。

3. 产业结构调整对经济增长的影响

（1）有利于提高相关产业资源配置的效率，促进经济发展。但在现实经济中，由于我们对风险的预知能力不足再加上企业生产要素的不完全流动，在各种情况都不平衡的条件下，经济仍然取得了一定程度的增长。决定一国经济增长率高低的一个重要因素是劳动和资本能否顺利由生产率较低的部门流向生产率较高的部门。因为各产业的劳动生产率不同，所以调整产业结构的过程，实质上体现了各个产业重新扩展和收缩的进程。它本质上强调了产业的专业化与分工的精确化，并随不同产业的劳动生产率重新组合。这样，如果能推动生产要素顺利流动，就会相应地促进资源配置效率、经济综合生产力的提升，并最终促进经济良好发展。

（2）主导产业的更替促进了经济发展。现代经济的增长大部分是依靠具有超出平均增长率的新兴产业，这很好地体现了产业结构变化对经济增速的影响。罗斯托认为，现代经济增长实质上是部门的增长过程，经济增长开始于由具有高于平均增长率的新兴产业，随之而来的是一个企业的主导产业及其相应的体系增长率都有较高的提升，而这在一定程度或者说在某种方式上都有利于整体经济的发展。

（3）产业技术创新与社会各阶层分工水平有利于产业结构的改善，而产业结构的调整成了经济增长的根本动力。由于企业不断细化社会各部门的分工，使得相关产业部门不断成长，把不同企业更加紧密地联系在一起，结构效益也由于社会分工的一体化、专业化而提升到了重要位置，在推动经济发展方面发挥着关键作用。推动产业发展的一个重要原因是技术的创新。通常来说，下面两种方式体现了技术创新对产业结构改善的影响：技术创新推动了新兴产业的出现及发展，这些新兴产业不断向其相关产业扩散，推动了国民经济的整体增长；技术创新带来的改良技术推动了现有产业的发展和创新，进一步达到促进资源合理配置，促进企业劳动生产率提高这一目的。如果这两种方式都能被很好地利用，或者把二者结合起来运用，一方面会促进相关产业结构的改善，另一方面对整个经济社会的发展也会产生深远持久的影响。

（三）结构效应路径之二体现为经济增长方式转变

经济增长实现的路径是经济增长方式，决定经济增长的各个因素的结合方式也是经济增长方式。从技术创新方面来看，根据投入的科技水平不同的原理，把经济增长方式分为粗放型经济增长方式和集约型经济增长方式，前者以要素投入增加为主，后者以全要素增长率[①]为标志。要实现经济增长可以通过两种方式：一是粗放型经济增长方式；二是集约型经济增长方式。前者是在生产要素的使用效率、结构和质量不变的情况下，只是大量地投入和扩张生产要素，投入更多的劳动力和成本，而并不是依靠创新技术实现的经济增长，实质上，粗放型增长是外延式的增长，只关注数量增长，效率不高。而后者更多地依靠技术创新、劳动者素质提高以及设备、资本和原材料利用效率提高来实现经济增长，这样使得生产要素组合得以优化，也使生产要素的质量和使用效率提高。这种方式是内涵式增长方式，效益高，并且也会在本质上提高经济增长质量和效益。

---

① 全要素增长率大多数情况下表示技术创新或进步大大促进了增长。

要促进转化经济增长方式，就要通过技术创新来使区域创新成果经济化、企业竞争力强化、运行与要素组合优化。技术创新的结构效应应该顺着转换经济增长方式的路径表现出来。创新区域技术的结构效应，方法之二就是转变经济增长方式。

创新区域技术以促进区域成果经济化的方式对经济增长方式的转化产生积极影响，而后产生结构效应，从而促进经济增长。虽然说科学技术是第一生产力，但是这并不能说明科技进步的同时，经济也在发展，科技与经济两者之间并不是简单的线性关系。只有经过科技成果转化的过程，才能将科技成果变成现实的生产力和适销对路的产品。因此，科技总体水平和将科技转化为现实生产力的能力直接对一个地区的经济发展起到作用。区域技术创新能够使经济增长方式增长速度更快、增长质量更高，并且由原来的粗放式变为集约式，是因为创新区域技术就是一个经济效益由科技成果转化而来的过程，它促进了经济和科技研发的共同发展，也促进了科技资源转化为现实生产力这一过程，与此同时，可以尽量避免"两张皮"现象，即经济与科技之间没有关系的现象；也使经济发展对自然的依赖性有所降低，可以投入最少要素却获得最大的产出效益。要想提高经济增长率，就要首先创新区域技术，这样才能使科技成果经济化程度加深，并且提高区域经济增长成分中的技术含量，转变经济增长方式。

创新区域技术可以发展经济，主要是使运行方式与要素组合优化来转变经济增长方式，从而产生了结构效应。不一样的经济增长及增长效益和质量也许是由不一样的经济增长方式所导致，所以说，经济增长方式的运作结果是发生了经济增长的事实。只有加快经济增长方式由粗放式向集约式转化的步伐，才能实现投入更少的要素获得更多产出的目标，才能使经济不断发展。生产要素的运作方式与组合方式为经济增长方式转化所依赖，而创新区域技术又为要素运作方式和组合方式的优化奠定了基础，可以带来更好的经济效益、更快的经济增长速度和更高的经济增长质量，这也是由于创新区域技术可以提高劳动者素质和要素配置效率，并且改善要素投入质量。创新区域技术和因其而转变的经济增长方式，都可以达到提高区域经济增长质量或效益的目的，也可以达到获取更高区域经济增长率的目的。转变经济增长方式要以创新区域技术为基础，这样不仅能在很大程度上提高效益、节约资源，还能极大地促进经济发展。

创新区域技术可以转化经济发展方式，主要是通过提高企业竞争力，进一步使经济增长并产生结构效应。在市场上营销的工艺和产品由科技成果转化而来的过程就是创新技术的本质，这个过程包括"科技研究与开发→新产品试制与生产→市场营销技术商业化→技术创新扩散"。

创新技术可以提升企业产品使用价值及技术含量，并且获取不错的经济效益。要想增加产品市场占有率，增强企业竞争力，企业要引进发达的装备和工艺来替换落后的，把技术资源转化为现实生产力，提升产品技术含量。创新技术同样可以使老品牌的生命周期延长，使其市场占有率稳定起来，并且使企业的竞争力增强。创新区域技术的根本目的就是获得利润最大化，增强企业竞争力，这都可以通过增加发明创造成果在区域企业生产中的运用以及开拓企业新市场来实现。若是区域内有某企业成功创新了技术，那么会有利于该区域经济增长方式由粗放型向集约型转变，也有利于提高经济增长质量，这是因为大面积的新技术扩散会引起区域内其他企业的模仿，也使得区域外贸结构、市场结构及产业结构发生变化，从而产生创新技术结构效应。这样，更高层次的技术创新高潮由新一轮技术创新引起，不断重复这种创新，有利于区域经济的持续发展。

第二节　技术创新生态系统的协同发展分析

在技术创新生态系统中，核心型企业、关键型企业和缝隙型企业三种不同类型的企业，对系统的发展历程和稳定性刺激有不同的作用，在整个网络中各自能取得利益的大小不同，获得利益可能性大小也不同。

一、技术创新生态系统组成要素与特征分析

（一）技术创新生态系统组成要素分析

1. 核心型企业要素分析

能够为内部成员和整个系统争取利益的企业就是"核心型企业"的最初含义，这是由生态学中的"核心物种"衍生而来。核心型企业必须存在，否则将会对系统带来全面性毁灭和瘫痪的后果，这是因为这些企业拥有最多样化的联系，对缝隙市场的产生和发展具有很大作用，这不仅能够协调处理各个组成成分的内在关系，而且丰富了生态系统，提高了生产效率。同时，核心型企业也为别的企业生存打造了坚实的平台。但若是没有其他类型的企业，那么整个系统就会出现灾难性崩溃。

企业要长久发展，就要提高整个企业系统的稳定性和完整性，我们可以通过网络的技术和资源来达到这一目标，具体措施如下：推动网络体系的全面稳定发展；提高对资源的利用；尽快设立外部性的框架。

核心型企业对整个创新生态系统萌芽、发展和最终成熟的过程有很大的影响，这种企业可以创建稳定的环境，使消费者和其他企业都受益。通常来说，核心型企业，如沃尔玛、利丰、微软和思科等，都可以借助手中掌控的资源对自己的关键技术进行进一步加工，以此来保持和其他企业的密切联系并且使系统的基础奠定，核心型企业与系统的长久发展紧密相关，并且决定系统发展的方向，对上下游企业甚至整个系统的变化产生了影响。

核心型企业衍生的完整全面的生态系统是以自身为出发点，并且它是多样的创造元素的源头，能够和其他企业一起创建生态系统。

核心企业自身面临诸多挑战，然而确保将其生态系统提高功效落到实处，并尽力使企业自身的资源和利益使同行业中其他企业能够同时享用。核心型企业必须发挥核心型企业一呼百应的领导核心作用，在建立有序、全面、健康的生态系统方面加强努力，可以在缝隙市场创造能力、生产率以及稳定性这三个板块加强投资，增强企业创新竞争力。第一，加强生产技术投入以提高生产效率。提高自身技术竞争力，缩短技术转化为生产力的周期，使新技

术尽快应用到新产品的生产制造过程中。第二，稳健性。未来社会发展瞬息万变，这时不利因素就有可能浮现，因此在建设创新系统时，必须保证创新生态系统内部结构的稳定，以防止因外界瞬息万变的因素而导致创新生态系统崩溃，从而保证企业向有利方向发展，扭转不利局面并走向正轨。另外，想要推动整个网络系统的健康发展，核心型企业在构建牢固框架和创造良好的发展环境基础以为其他企业谋取发展空间方面该做哪些努力。总的来说，只有在研发新的生产技术的同时不忘加紧资金流的引入，才可以营造一种与同类型企业分享研究成果的环境，并将其最新技术研究成果为自己所用，在具有决定性作用的基础设施方面加大投资与支持力度推动技术发展与进步，从而为生态系统创造更多的机会，进而推动缝隙市场的水平提高。

2. 关键型企业要素分析

长期理论研究表明，关键型企业能够与处于网络核心的企业，即核心型企业，在整个系统之中相匹敌。然而，一方面，关键型企业与核心型企业存在诸多差别，与核心型企业正相反，在生态系统中关键型企业的比重远远超出核心型企业的比重，企业的硬实力大小和起主导作用的资源构成了该比重的大部分标准。另一方面，对于多样性发展的态度，关键型企业与核心型企业存在天壤之别。后者出于自身发展模式考虑，对多样性发展持反对态度。生态系统、网络系统中大部分节点由支配主宰者掌控，而与支配主宰者相比，核心型企业处于劣势地位。传统的独占者与价值独占者构成了支配主宰者的两大类型。传统的独占者通过打通系统中的主要关键点来推动系统内部纵向与横向一体化的实现，从而促进自身发展。而价值独占者则侧重于对现有掌控的网络各节点价值剖析而从中获利。总的来说，核心型企业和关键型企业都在致力于创造价值，然而是否能够推动资源、价值共享是两种类型企业的最大分歧之处。

所谓关键型企业战略，即各个企业企图在追求公司利润和剩余价值数额的极致化的过程中形成的长期发展方案。通过打通横向、纵向操作系统来推动公司运转。总的来说，在致力于朝此方向发展的企业，在整个企业生态圈内掌控并主导着价值创造和分配进程。长期观察研究表明，纵向一体化的企业在关键型企业中占据大多数，这类企业不仅具有运营商的身份，还试图开拓公司的发展机会，如在防止其他企业剽窃、模仿方面通常采用非开放性的商品运营模式，以此推动本公司发展。

关键型企业处于整个竞争行业生态圈的主导地位，对于核心资源和系统内部的掌控，极大地阻碍、影响了其他企业的发展，加剧了竞争。因此，致使关键型企业在生态系统中的位置和作用无法被取代，其自身的独特资源和经营模式都使其竞争优势大大增加。关键型企业在促进生态系统的优化、多元、全面发展方面是其他类型企业无可比拟的，因而确立了其独一无二的主导地位。然而，事无绝对，纵然关键企业在促进整个生态系统发展过程中的作用无可替代，系统持续发展也必将依赖这些企业的核心科技及独特资源，但其消失并不影响整个生态系统的存在。关键型企业随处可见，只不过大家早已司空见惯。美国电话电报公司和 IBM 公司的早年发展便是采用以上经营模式。而大多数数字设备公司以及小型计算机生态系统中，此种经营模式也大受欢迎，并成为此种经营模式的杰出代表。

3. 缝隙型企业要素分析

与关键型企业和核心型企业相对，缝隙型企业数量上占据优势。从生态系统网络节点的角度来看，其处于劣势地位，其掌握的价值核心也都处于远离核心的边缘，作用不明显。

一方面，缝隙型企业内部分工明确，拥有独立自主的经营模式，因而可以弥补占有资源过少的缺陷。然而，想要利用较少的资源来实现对整个乃至部分市场份额和市场动向产生影响是极其困难的，这也使得它们在具有独立性的同时对核心型企业高度依赖。缝隙型企业与核心型企业的对立构成了生态系统内部数量与资源的不平衡，因而数量庞大的缝隙型企业掌控着有限的资源，发挥作用微弱，使得其更换周期迅速，一家企业破产，立即会被同质性企业取代。缝隙型企业欲实现持久发展，必须与生态系统内的同类企业团结协作，抱团发展，避免恶性竞争和同质化竞争，推动专业化乃至多元化发展。

另一方面，纵然是在自然生态系统中，数量庞大，种类繁多却掌握少数资源，作用甚微的这些生物恰恰是生态系统的主力军。在其专有业务领域内实现专业化发展与探索，则是其他类型企业所不具备的发展优势。生态系统中的其他类型企业虽然占据资源领域的主导地位，体系庞大，作用明显，但是拆分开来却也是比较普通的，这些企业只是综合实力较强，在专业化领域方面存在缺失。尽管处于边缘位置，边缘性企业对于维护整个生态系统的平衡，以及促进生态系统创新发展方面无可取代。

系统内部的各个组成部分之间是否存在紧密而不可分割的联系，是缝隙型企业的显著特征。其数量之庞大，足以让其他类型企业望而生畏。仅仅在软件行业中，其他类型的企业与缝隙型企业的比重就高达1∶10。

缝隙型企业要学会团结和加强与同类型企业之间的合作，团结互助，取长补短，形成自身竞争技术优势，推动自身发展战略多样化，针对不同人群的不同需要、不同阶层的消费理念，实时调整战略，促进自身发展。这是缝隙型企业在市场竞争中获胜的法宝。缝隙型企业发展必须以内部成员相互合作为基础。首先应关注与自身利益紧密相关的核心型企业和关键型企业的发展状况，并了解自身周围市场经营体条件。与自身相关的企业是否竞争力强大，搞清楚自身与核心型企业的差距，以及考虑是否选择与其他企业紧密合作。在数量庞大的缝隙型企业中不乏成功者，以半导体和集成电路行业中的恩威迪亚公司为代表，为保持专业化发展，专攻实物和知识资产，是其成功的秘诀。

另一个推动缝隙型企业发展的关键就是价值创造。不断依靠核心型企业推进自身经营模式的发展，在技术领域加紧研究步伐。通过改变企业之间的合作方向和紧密关系程度，推动系统内部利益流向具有流动性，而以此来抵御同类企业和核心型企业对自身的影响。

4. 技术创新生态系统中不同类型企业比较分析

通过以上分析可以得知，对生态系统内部的企业发展战略重点方向、对系统的影响力、贡献特征以及资源技术等诸多方面的差异是区别核心型企业、关键型企业、缝隙型企业的关键所在。具体差别可从表6-1中看出。

表6-1 技术创新生态系统中不同类型企业的比较

成员类型	贡献特征	资源及技术	系统影响力	战略重点
核心型	为技术创新生态系统提供核心技术和市场，对系统的贡献最大	拥有技术创新生态系统最核心的技术，拥有不可替代的核心资源	是技术创新生态系统的领导者；是技术创新生态系统形成和演化的主要作用者	取得维持技术创新生态系统的领导权，促进技术创新生态系统的健康发展
关键型	占据技术创新生态系统的关键路径，对技术创新生态系统的贡献较大	在技术和资源上具有独特性，可替代性弱，拥有某一项关键技术	对技术创新生态系统有一定的影响力，但其退出不会导致技术创新生态系统的崩溃	凭借其关键位置获得技术和资源；有可能取代核心型企业成为技术创新生态系统的领导者
缝隙型	为核心技术提供支持，单个企业的贡献较小，但总体贡献量大	专业化发展，技术能力一般，数量众多，可替代性强	单个企业不能对技术创新生态系统产生影响，但在数量上是技术创新生态系统的多数	依托核心型企业和关键型企业的发展，不断提升自身的地位

　　关键型占据技术创新生态系统的关键路径，对技术创新生态系统的贡献较大，在技术和资源上具有独特性，可替代性弱，拥有某一项关键技术对技术创新生态系统有一定的影响力；但其退出不会导致技术创新生态系统的崩溃，凭借其关键位置获得技术和资源，有可能取代核心型企业成为技术创新生态系统的领导者缝隙型企业为核心技术提供支持，单个企业的贡献较小，但总体贡献量大，专业化发展，技术能力一般，数量众多，可替代性强的单个企业不能对技术创新生态系统产生影响；但在数量上是整个技术创新生态系统的多数，依托核心型企业和关键型企业的发展，不断提升自身的地位。

　　（二）技术创新生态系统构成的特征分析

　　组织、系统、网络构成了网络结构演化阶段的三大类主要资源。三者相辅相成，缺一不可。首先，网络资源和系统资源的产生以组织资源的整合为前提条件，其次，这两种资源又推动了组织资源的发展壮大。对于人才、技术、资金等组织资源以固定目标为准进行整合，推动文化、信誉、影响力、机制的建立来为构建文化、信誉、影响力、机制系统资源创造前提，并且促进网络内部成员资源的发展与成长。网络和组织资源强化的关键条件是构建系统内部平台、行业准则、知识体系以及对社会效益的兼顾。

以下四大特征与自然生态系统相比，企业生态系统的特征如下。

1. 动态演化性

学界将具有能够与外界进行持续不断的信息和能源交流能力的系统称为生命特征，而这一点恰恰是自然生态系统与企业所同样具备的，因此创新型系统的发展是动态的过程，会经历滞后、衰老甚至被市场和消费者淘汰。

2. 群体竞争性

竞争在推动创新系统的发展演进中起着至关重要的作用。各个企业之间的分工具体化伴随而来的是企业之间越来越迥异的差异性，这些都是长期竞争合作的结果。同类型产品和经营领域企业的不唯一性，加剧了企业技术方面的差异，竞争潜能分化严重，资源掌握的不同和信息渠道的迥异使得各个主体之间的激烈竞争必然存在。

3. 协同进化性

不同企业之间通过团结协作来增强自身的技术水平及提高竞争实力，维持这一系统内部平衡来弥补单个企业无法完全独立掌握某一生产技术的缺陷。系统内部每一位成员的技术创新水平的波动对于整个系统来说都是极其重要的。所有企业围绕核心企业的发展动向明确企业之间的发展合作计划，推动企业在提高技术水平和创新能力方面加紧联合，是系统内部企业的生存之道。

4. 多样性和平衡性

创新生态系统在初期不可避免地存在无序化发展，然而物竞天择，适者生存，通过协同和竞争以及市场的洗礼，创新型生态系统在保持稳定平稳发展的同时仍然不失多样性。想要使系统整体和内部成员的技术创新水平都获得空前发展，就必须促使各个企业明确发展目标，定位清晰，畅通信息交流系统，取长补短，维持内部稳定持久发展。

5. 自调控能力有限性

周边环境的细微变化都可能会引起创新型系统内部的剧烈变化，且和生物学中的生态系统一样，有限的内部调适能力使得系统内部的稳定性和成员之间固有的关系发生翻天覆地的变化。在面临较为恶劣的环境变化时，创新系统会出现失衡，这些都是由于其自身调控能力无法维持系统的稳定状态。外部环境的变化将会破坏系统内部的生态网络结构，威胁企业正常经营运转，使其破产、重组。这些因素可能是，金融危机的爆发、政治暴动和社会市场需求的突然转换，都会对其内部稳定性产生巨大影响。

网络资源和技术联盟不同的是，网络资源不是从网络建立开始之时就存在的，它是网络成员之间较长时间的相互作用而形成的并且需要大家的共同努力获得，它是不确定的。此外，网络管理者通过网络资源所在网络对其合理配置，来促进网络的发展，而组织资源就是由网络成员控制的。并且如果一个网络可以自动调整和适应从而应对网络的发展和系统的建设，并可以使系统建设逐渐摆脱对于网络资源的依赖，那么这个网络才有可能是成功的。网络资源为创建广泛的系统资源以及实现高难度的目标作出了巨大贡献。因为网络可以整合和重新分配不同的网络资源来完成技术创新系统的新任务以及满足未来网络成员的要求，整合资源后会生成有价值的新资源来增加资源存量，这样循环使网络资源能更好地进行系统建设，从而使网络资源成长，这其中也就伴随着网络成员和系统资源一同发展了。

（三）技术创新生态系统与其他联盟网络

技术创新生态系统和其他传统的联盟网络是不一样的。

1. 企业技术联盟

企业技术联盟是多个企业形成的合作关系，它的目的是实现双赢，赢得共同利益。企业技术联盟有优势也有不足，不足就是失败率为 60% ～ 70%，经过对它的优势和劣势及其对应策略的研究，得出结论：美国企业群体中年收入突破 2 亿美元的企业，它们所拥有的联盟伙伴平均为 138 个，那些参加联盟的企业比没有参加联盟的企业多 40%。技术创新绩效和联盟有着明显的正向关系，当正向关系发挥到最大作用时，技术对于两个企业就是公平的，处于中间不偏向任何一方。寻找有创新意识的供应商并与其长期开展合作可以使企业获得决定性的竞争优势。王兰和龙勇通过研究发现，市场资源和技术联盟都可以获得技术资源,但是通过技术联盟获得的适合在一定时间内突进的发展创新方式,而市场资源获得的则可以逐渐地、慢慢地、稳步地促进创新发展。达斯特克和拉赫曼研究发现如果企业和合作伙伴经营观念和文化背景相似,那么它们可以保持长久的合作,反之则不能。企业之间会因为知识的外溢和披露悖论等原因而产生不信任感,作为一种资产其存在不是一直确定的,所以企业之间很容易产生不信任的现象,并且企业之间也会因为对于联盟产生的共同成果没有进行有效的评价而导致利益分配不公。

联盟可以实现优势互补,这就可以促进全部联盟企业的创新和利润提升,但是联盟中也会产生机会主义,这就会对全部联盟企业的创新和利润提升产生不好的影响。要坚持判定合资企业的绩效的标准,这些标准是企业是否成长及其成长速度程度、获取技术知识、盈利多少,确定性和市场份额。尼尔森布建立了联盟绩效评价模型,这个模板包括了联盟中的效率、利润,联盟绩效过程和成果等多个方面。他还用联盟创建的时间来划分构建前后的影响因素。不仅从如何进行技术的改造、应用什么知识、怎样研发这三个方面评价了联盟技术转移效率,还分析了战略联盟交互机制和知识技术转移效率。研究发现,人们评价企业技术联盟效益的标准逐渐朝着投入产出无形化、过程动态等方向发展,他用技术联盟从产生到废弃的周期作为主线建立了对于技术联盟绩效评估链的理论性框架,这个框架是以效益评价、进展评价和初始条件评价为基础的。

学术界在精益研发这方面已经有了很多共同的看法,也提出了其他几种合作模式,即使我们有了一些理论上的成就,理论界也未对创新主体的类型严格地规定,并且没有相关的事例来说明不同的模式到底会对企业产生什么样的影响,所以企业的各种各样的创意和研发模式的关系也无法深入探讨。

2. 产学研合作

产学研合作是企业、高校和科研单位之间开展的合作,这个合作中的每一方都共担风险、互相帮助,以实现双赢,最后获得自身的发展,合作的目的是为了共同创新。

1987 年英国弗里曼深入研究了日本是怎样创新的之后,他认为:"产学研合作升级应该是国家级别的重大议题，而不仅仅是科研机构、大学和企业这三方之间的合作，并且产学研合作会在提升国家综合实力和提升国家经济发展水平方面发挥重大作用。所以政府也应该给予产学研合作在财政和政策方面的支持，而不仅仅是鼓励和倡导企业和高校等方面开展产学研合作，只有这样经济才能得到更好的发展。"因此政府要重视这个合作，为正式开展产学研发展提供坚实的完备的理论基础。切萨和霍尔都认为企业不仅仅只有高校和科研单位这两个合作方，还可以和某一个发明的创造者、政府、关于该项目的研究中心、零件供应商甚至竞争对手合作。莫利和山姆帕特说过，企业创新所需要的内容涉及信息资源、设备、人才、创新技能以及新产品的原型都来源于高校特别是一些研究性的高校，这些高校拥有最新的科研成果。

我国学者也对产学研合作进行了多角度的深入研究。王晓云将产学研合作分为政府推动型、共建型、联建型和其他类别。张曼平等提出了技术转让、大学科技园、共建实体以及合作开发这四种产学研模式。各种合作模式都各有其使用的条件，各个模式面临的风险和收益也不同，所以合作方要根据实际情况选择适合自身的模式。

3. 技术创新生态系统

生态系统是一种在指定的空间范围里，内部事物和外部事物在一定时间内形成一个整体并且相互影响的系统，在技术创新生态系统运行时，要发挥成员们的作用互相影响，以便其保持一种平衡的状态。其建立的目的是让科学发展和科技创新，它的模板是促进经济发展，而不是以动态传输为模板。资金、设备等物质和人才是技术创新生态系统的实体。技术创新生态系统由研究性经济和商业经济所推动，它们二者都是独立的经济体，前者是由基本原理推动的，后者是由市场推动的。

研究表明企业技术要实现创新、获得丰硕成果，靠企业单枪匹马行不通，反过来，应该在拥有一致目标的企业之间打造一个技术创新型生态系统，在此系统基础上，使客户价值最大限度地得以实现，争取达到甚至高出客户的预期。这个系统的本质是：企业自身投入以及在配套知识方面，其他相关企业的支持是优质创新项目能成为企业核心竞争力所不可或缺的，不然极有可能因条件不够，延迟创新，继而可能导致竞争优势丧失。而罗恩·阿德纳的研究是把企业彼此间的配合协调作为重点，即仅把此系统的外延限制在外部。

我国学者在创新生态方面也有自己独到的探索及研究。王如松、杨建新认为网络性、进化性是其本质，生态经济原理及知识经济规律是它所必须遵循的，在生态系统承载范围内进行组织，使生态功能更为和谐、经济过程更为高效。在当今时代，把 IBM 作为研究对象的石新泓认为对上述系统进行发展、运转时，要有一定程度的必然性、紧迫性。朱斌对高科技产业集群作出研究后，并在此基础上提出了一个新概念——高科技产业集群持续创新生态体系。刘友金做研究时把行为生态学理论引入进来，对企业技术创新集群行为展开了探讨及分析。在研究过程中李子和提出了一个新概念——高新技术群落，对高科技企业创新的生态学特征作出了相应的论证。黄鲁成在区域创新系统背景下利用生态学理论，进一步研究相应的生态学特征、演化规律、运行控制机制。在技术创新生态系统里，李湘桔认为应充分协调企业内部各部分知识，同时她还指出：对知识最大限度进行融合，使母体具有更为完备的知识，此即这个系统的本质。知识划分类别会随着角度的不同而变得不一样：站在获取渠道角度，可将知识分成两种：内部知识、外部知识。站在所需知识性质角度，知识也可分为两种：创新主体知识、创新协作知识。创新主体知识是具体创新项目运作时必须具备的知识结构，对创新效率与效果能产生较为直接的影响。在创新过程中，创新协作知识（包括营销能力、组织协调能力等）虽同创新项目的联系没有那么直接，但却是实现商业化创新所必备的。对技术创新生态系统进行管理的过程中，应从内、外两个视角出发，各方面一齐努力，完备相关知识，形成更完整的创新链条。

学者们目前所持有的观点是一致的，即技术创新是一种社会生态过程，而不再是仅限于生产群落制度环境中出现的交互过程。研究过程中，在自然生态系统中结网群居、协同竞争等特征的基础上，有一小部分学者会站在关系生态系统、国家技术创新生态系统、知识生态系统等角度展开研究。在经济学中，引进生态学相关基本研究方法介绍以后，对经济系统、自然环境系统间的协调机理进行研究，由此一些交叉性学科（诸如生态经济学、工业生态学等）得以初步形成。技术创新生态系统与产学研联盟、技术联盟的异同如表 6 - 2 所示。

表 6 - 2　技术创新生态系统与产学研联盟、技术联盟的异同

	相同点	不同点
三类合作模式的异同	都强调资源的共享和合作 是合作创新的新的组织模式	从范围上看，技术创新生态系统包括产学研联盟和技术联盟 从合作模式来看，技术创新生态系统是一种松散的合作模式，同时可包含多种合作模式 技术联盟和产学研联盟在同一时期主要的合作模式包括合约和股份制合作模式，其中一种形式技术创新生态系统中强调物种成员间的互惠共生，而技术联盟和产学研联盟成员间的相互依存度相对较低

4. 技术创新生态系统的模式演化分析

方法论中包含着模式。生物学里对于演化的叙述是：在物种繁衍过程中，每一代单独的个体之间在内在基因与体态特征上存在差异的现象及原因。这个系统的演化实际上就是其技术创新发展的过程。

系统演化能得以顺利进行的基础就是准确地发挥好创新主体的作用，科研机构、高等教育机构、政府机关等都被包含在内。周边环境和此系统能够发生信息交流，而在技术方面，各内部成员间的信息交流也在同时进行着，这样能够提高这个系统的创新能力，各成员的技术创新模式最终实现新的变革。当前由于各企业的发展几乎都拘泥于现有的技术创新模式，其技术创新能力的发展便需要一步一步地由低至高来实现，对系统整体创新模式来讲，实现其变革也是一样的道理。

这个系统演化的实现是需要一定时间的，它与生态系统的演化有相似的地方。但各企业的效率在历经演化后快速提了上来，使信息资源利用率更高，技术创新能力更强。这既是创新系统的目的，也是其一大重要成果。

不同的创新主体有互不相同的创新过程，而把这些不尽相同的过程结合起来就是创新生态系统演化的本质，包括两个阶段：一是自稳定状态；二是自重组阶段。自稳定状态是指系统内部原有的技术创新模式自发一步一步进行由旧到新的变革，从而达到稳态的过程，若企业在组织资源中注入了新的血液——网络，它们在这个时候会让其余网络成员在某一程度上对系统中的

部分资源进行分享、控制。自重组过程就是旧模式与新模式相互交替出现的过程。组织资源在系统演化的这个过程就如同一把双刃剑，正向作用、负向影响二者同时存在。比如在网络层面应用上，组织资源能使其应用及影响力范围增大，网络成员组织资源的优势较之前更大。但系统构建对组织资源的依赖性会随着后者对前者作用的增大而变强，一旦没有了网络，呈现在创新生态系统这个整体面前的将是十分不利的局面，就像社会网络里的结构洞，一旦有某个核心节点退了出去，网络整体都极有可能崩溃，整个系统的稳定性也会大大降低。

二、技术创新生态系统的复杂性与协同演化机理分析

企业创新环境当前的主要特征是复杂性、不确定性及模糊性，"技术创新生态系统"间的竞争由传统"单个企业竞争"演变成企业内部创新以及这个系统中进行互补性活动的其他企业间的协同创新，二者都是现有创新研究应用的关注点。

无论是理论界还是实践界都在时时刻刻地关注着这个系统，站在战略角度，近几年创新管理领域新的研究热点是此系统成员之间价值创造的依赖性关系。据安德的研究可知：创新过程十分艰难，多家公司共同努力，成功的可能性才更大；和其他伙伴协同互补，才能把真正有价值的服务、产品带到消费者身边。借助纵向案例法，拉胡尔·卡普尔认真分析了上述系统中所出现的协同竞争行为，医疗产业在其研究中被当作研究对象，在组织形式不同的情况下，研究了新技术投资行为所造成的影响，得出一个结论：与独立关系相比较而言，联盟是更加有利于新技术投资的。我国学者所做的分析主要针对的是系统风险，其中张运飞、张利飞一致认为在技术上，企业若要真正实现变革，需要的是与其他企业一起合作谋发展；而后再站在系统不稳定性的角度来看，对可能出现的风险（诸如共存性风险、结构风险等）进行分析，并在此基础上对此系统治理机制展开探讨。

"技术创新生态系统"研究目前还处在初级阶段，主要是在宏观层次上静态展开研究，以案例研究为主要方法，然而对于复杂系统交互行为出现的

宏观结果，实证、案例两个研究方法给不出更合理的解释，若想更为深入地认识复杂系统，定量动态分析必须进一步强化。这个系统生存发展的基础是成员协同行为。什么是这个系统长足发展的根基，这个问题是值得理论界展开深入研究的。

（一）技术创新生态系统的复杂性分析

复杂性是此系统较为主要的一个特性，系统各成员知识结构、交互行为以及资源结构、内部知识都十分复杂。系统中的各成员发展是不封闭的，但也不是一直都能做到均衡发展，目前在做的是把它的边界进一步拓宽，所以整体是处于变动状态的。

1. 技术创新生态系统的自涌现性

在各企业相互协作过程中会出现结合效应，即合作之后的效率要超过原单个企业之前的效率，换句话说，单独的企业是达不到系统各属性及对应所获成效的，也即"自涌现性"。技术创新生态系统为了最大限度地争取到现有利润，凭借自身具有的特性会更容易得到资源竞争优势，把企业生产效率提升上去；另外，由于人才的自涌现性，使得许多高层次创新及技术人才被系统吸纳进来，这就使得创新的可能性在各成员间互相帮助的状态下有了提高；再就是企业数量随着信息技术的发展变得越来越多，而这些企业也会面临越来越大的挑战，竞争也越发激烈，反过来，这也刺激着企业在保持自身稳定性的同时朝多元化方向发展，发展风险也大大降低。

2. 技术创新生态系统的动态性

非静态性是这个系统所拥有的另一个特性，它一直保持着发展进步的状态，又由于脱离了自身环境的事物很难得到长远发展。环境是不断变化的，这对系统内部成员企业的发展运行以及他们之间的协同发展来讲，会造成一些影响。又因为内部企业与企业之间的资源技术交流交换会不断地进行，这对系统内企业的协同行为来讲，会使其发生一系列的改变，沿着"生存—发展—优化"的轨迹会有系统内企业的演进在不断进行着。另外，系统的差异性随着各种资源的共享及转移而降低，终止原合作当且仅当达到合作目标时，这就致使系统中旧成员退出、新成员加入。因系统各成员存在资源、文化等差异，像道德缺失等一系列相关的问题就会时不时地出现，这极有可能会进一步加大协调问题的难度，系统离均衡状态越来越远。

3. 技术创新生态系统的开放性

一个创新系统如果是封闭的，那么它的发展几乎不可能长远，需要做到的是开放，即在资源上将其与系统之外的部分进行流转，这个过程极其必要。在整个创新生态系统中，从外部吸收资源、向外制造推送其成果，二者是需要同步的。第一，此开放系统内部成员间资源共享、相互合作；第二，外部环境和系统成员间知识技术实现转移，就像关键型、核心型及缝隙型企业间都存在着信息资源、技术的共享与转移。整个体系正是因为这种交换才能一直动态变化着，从而使体系朝良好秩序系统变化。

当前环境下，创新生态系统内部各成员之间不断地进行信息资源的交换，所以说它不是封闭的，而是运动着的。在某一部分的技术上，若取得了革命性突破，相当于在生态系统中产生了不同物种，此时往往会有相关人才出现叛变，他们会另起炉灶，并且他们的生产技术及生产效率都会较之前的企业高，可与原企业协同前进，这就导致新的竞争出现。所以说，要想有新技术变革思维和新鲜血液不断地注入系统，就必须要和外部不断地保持联系和交换，也即不断进行变革，才能将企业竞争优势维持住。

时间段发生变化时，整个创新生态系统的目标就会随之作出改变，系统整体的流动性与外部环境二者一定要一直处于保持交流的状态，这样才会有新生命力不断注入进来，系统得以继续开放。当今时代知识经济高度发展，产品越来越复杂，产品与产品之间也越来越相互依赖，全球化改革创新是系统需要着重注意的，努力带给消费者以更为合适的方案设计。

4. 技术创新生态系统远离平衡态

系统能够得以有序发展的根基就是远离平衡态。各企业分工明确，每一部分都是对自身擅长的部分进行钻研，系统内成员多样化。但对单个企业来讲，这样的专业化现象会导致他们对于消费者的各种需求做不到全部满足。因此企业与企业之间若想进一步适应市场的需求就得合作谋发展。学者们经过研究得出了一系列的结论，由这些结论可知生态系统与平衡态间距离的远近很大程度上取决于企业间的多样化，成员企业之间的差异越大，系统距"平衡态"就会越远。系统的各组成部分所发挥的作用都不尽相同，关键是核心部分，其主要责任就是对技术进行推广甚至革新。核心型企业的技术资金等几乎都来自关键型和缝隙型企业。系统内部成员间存在的相互作用与分工差异，这就使得系统特性特征与内部组成的特点更为多样化，从而能使系统长期处在一个动态变化的过程里，使其发展更为健康长远。

5. 技术创新生态系统非线性

非线性是系统复杂性的一个重要原因，也可以说是一个表现方面。非线性是不能更改的，它是随系统的建立而产生的，同时它也可以协调系统内部。整个系统的组成部分几乎都具有多样性，所具有的作用、架构、属性特征都是不尽相同的。系统内单个（多个）企业以偏概全都是不对的。在系统内各企业间各类合作中也有着一种非线性关系，它并非一般意义上的因果关系，用某句话或某个公式是无法将这种关系概括出来的。

整个系统围绕着一个中心——创新技术，把拥有的资源结合起来，跨产业（行业）形式各异的技术都被凝聚到了系统里，这就是所谓的非线性特征。复杂性是系统内部结构所具有的特性，各企业的发展是互相联结的，回馈信息的"非线性"也十分明显。成员之间的协同竞争同样也存在这种特性，系统内部成员之间是一个整体，是不能分割开的，而系统又和它的外部环境是一个整体，即便这种差异依然还是存在的，整个体系内外互相促进、互相影响，使系统成员发展进一步加快。非线性的具体表现是多样的，利益分配流向、网络结构等都被包含在其内。

6. 技术创新生态系统的自组织性

在学科发展史上，"自组织"意义非凡。它指一个出现在系统发展变化过程中的特有的现象。对于"自组织"是对应着系统"复杂"这一点，历史研究已给出证明，学者们对此也持以接受的态度。这是因为若系统发展具有"自组织"性，那么整个系统中会有新的独特的组成及构架出现，从而系统会变得越发复杂。

"自组织"是指当外界环境变化时，系统为了适应目前情况会相应地进行调整，从而形成新的均衡状态。系统与外部环境交流时，也在不断追求着新的平衡。这促进了竞争文化新氛围的产生，内部结构也能得到相应的调整，组织层次从低到高不断在发展进步。

系统的不断发展还需要另一种特定机制，实现由原始状态向健康稳定状态的转化。当内部某个企业出现波动时，整个系统不会因此发生很大的动荡。系统内各企业可成为系统一员的前提是其发展经营都要按系统规定进行，同时系统也能够有效地运行着。

7. 技术创新生态系统的自学习性

系统和我们一样都需要通过不断学习来完善自己。外部环境与系统内的学习途径和内容有着密切的关系，系统要想取得长足发展，就得与其外部环境相辅相成、融洽相处才行。不同的企业间也应如此，因为只有这样学习能力、竞争实力才更强劲。

8. 技术创新生态系统网络的不可逆性

创新系统的发展变化一般情况下一直都会在一个方向上保持着，发展变革几乎是一个无法逆转的过程。在集资、商讨、建设再到正式营业这一过程中，投资者需要不断投入，无论有没有产出行为，这个投入行为都是不可逆转的。协同成员与成员间的资源交换随着成员数量的不断增长会相应地增多。它们一边在进行技术的传授，一边在接受着外来的新颖技术，使得企业规模及竞争实力得到进一步强化，此过程也是无法逆转的。最终即使这个企业失败了，它也不会一无所有回至原点，因为它所有的经历经验会起到一定程度的支撑作用。系统建成后，技术会逐渐蔓延，使得不同企业朝着合作协同方向发展。整个系统的知识在这个时候会成为一个不断传播已有知识、发掘新知识的体系，它是动态均衡的。由此可知系统网络不可逆。

(二) 技术创新生态系统协同演化的机理分析

站在生态学的角度来研究，会发现当生态环境动荡很大时，原系统就会自然地发生解体，旧系统中的核心生物在新系统成型并投入使用之后就会失去它原有的领导地位，反过来，以前毫无"地位"可言的物种倒是有可能坐上新领导者的"宝座"。有一种观点：每个成员在创新生态系统中不是孤立存在的，都会有一个属于其自身的特殊位置。每个成员之间都有与生物相似的性质，同样有为了生存而选择不断发展壮大自己的想法，同样会有生老病死生命周期的经历。

在整个系统中重要的生态位因子有很多，"技术"是其中"地位"最高的。因为技术最活跃、变革性最强，系统平衡能被技术打破，会进一步将其自身成长为结构等级更高的因子。站在微观角度，技术的变迁是系统内各成员的外部环境变迁的最主要的因素。而站在种群角度讲，技术创新（变革）所带来的是这个产业整体的未来的兴衰。各个企业之间产生的竞争力之所以会随着技术的变革而发生转变，是因为在企业活动中技术变革占据主导地位。随着各种新兴技术的不断发展，各类新兴产业会相应地出现在我们面前，这其实也是一个技术创新生态系统进行重新构建的过程。余东华认为技术创新是最主要的动力，因其能对一系列的升级（诸如网络升级等）的产生起到推动作用。而党兴华等人认为，系统中会不断地有新的"血液"注入进来，这就使得企业间的关系更为密切，致使一些新的关系的出现，而整个创新网络结构就会随之出现一系列演变。而市场演进、技术演化以及整体价值系统结构在这个过程中会发生一些变化。宏观上来讲，技术系统演化时的特征趋势会具体地体现出来；而站在微观角度，所观察的都是要满足个体自身的价值需求，各类企业的战略举措所产生的后果。

作为生态因子，技术对整个系统的影响根据其内部、外部特性，可将其大致分为两类。从外部来讲，技术所体现出来的东西与当前生态系统的新技术范式是有区别的。一旦有了新的技术范式，旧的技术体系短时间内就会瓦解掉，导致整个系统呈现给大众的是全体崩盘的感觉，这会造成一种毁灭效应。就像曾经非常经典的胶卷技术现如今已被数码相机完全取代了，移动硬盘也将曾经应用十分广泛的软盘取代了。新技术出现或系统内出现技术变革，资源和组织结构都会迅速地发生变化，而且整个创新生态系统的整体构架也会逐渐发生改变。能够使系统变化的渠道有三个，吸收新的生产要素是渠道之一,采用新技术是渠道之二,渠道之三是改变产品组织方式,在价值链流程整个体系中这三种渠道变化都会有其具体体现,而最后的这个变化是会共同使整个创新生态系统的形态、结构进一步发生演化。

作为另外一种生态因子,成员生态位在创新生态系统中的地位也是相当高的。在本质上,系统整体结构会随成员生态位的变化而变化,也即成员生态位的跃迁、分离。系统技术是由简单到复杂不断变化着的,产业整体的多样化程度以及复杂程度都会相应地不断加深,而且还会有更为广阔的市场空间出现,那么其他企业就会有机会挤进这个系统。正由于系统多样性非常丰富,生态位的数量就会相应越多,原本区域有重叠的企业就很有可能被分离出去,这在技术产业演变时一定会发生。

成员生态位是技术创新生态系统中第二个较为重要的生态因子,系统的整体结构会因为成员生态位的变化而发生本质上的改变,具体来讲就是成员生态位的互相分离以及生态位发生了跃迁。在创新生态系统的技术不断地由简到繁逐步发展的过程里,整个产业的多样化程度以及复杂程度都会相应地不断加深,而且还会有更为广阔的市场空间出现,那么其他企业就会有机会挤进这个系统。正是由于创新生态系统里具有丰富的多样性,就可以产生出数量更多的生态位。这样一来,原本有重叠区域的企业就很有可能被分离出来,这在技术及产业发生演变过程中也是必然趋势。

如果拿手机这个行业来举例子的话,由于现在手机产品在设计上的各个环节被人们越加重视,所以在设计上就会暂时分离出来这些内涵中的中间价值环节,例如在一个企业中,那些主管制造的就会跟主管代工和设计的部门分开。正因如此,设计这个环节便演变成了一种崭新的生态位,从而能使手机这个行业在该系统中快速地发展起来,而且更进一步推进了手机价值在它本来属于的生态系统中的向前发展。

而所说的生态位的转变,说的是一些企业通过这个新兴的技术改革不断加强自己的能力,并且努力抓住自身的学习机会,从而使自己本来在夹缝中求生存的处境得到了有效的改善。它们通过这次机会不断地脱离自身边缘化的处境。这些企业逐渐地在企业中占据了中心领导的地位。例如,在微软的产业中，微软一开始只是提供一些汇编的语句，只能被称为硬件商。但是后来随着 IBM 这一类主导厂商的崛起，微软非常及时地抓住了这次难得的机会，从而从一开始不起眼的边缘化企业转化成具有领导地位的厂商。显而易见这个机会对于微软来说是十分重要的，这个变革为微软系统接下来的发展打下了坚实的基础。

但是随着一些刚刚兴起的技术的出现，也有一些本来存在于中心主导型的企业没有把握住这种机会。相反，这些机遇却变成了一些在夹缝中求生存的企业的跳板。主导型的企业在整个系统中的地位是十分重要的，它们表示的是全部的生态系统网的行业准则及规则。它会因为自己的核心地位而处于整个系统中纽带的连接点。而且，这一类企业想要打破这种关系网的束缚是非常困难的，从而很大程度上制约了本身的创新和视野。但是对于夹缝中的一类企业来说，它们就会有更多的机会与外界其他的系统有一些连接的关系，这些企业与主导型的企业相比较而说，夹缝中生存的这些企业正是因为没有很强的一种嵌入性，所以它在创新和视野上的制约并不是很大，并且对网络上准则的干扰也是非常小的。在这个系统中，正是因为有这样新成员的竞争比赛，从而构建了一个新的系统链条，而且在创新的系统中再次分配创新技术的领导权力。系统就是通过这样的争斗来演化和变革的。

在前文中我们已经叙述了技术创新系统的结构类型，同时也深度阐述了系统在企业中从无核心领导到有单个核心领导，再到多个核心领导的转变。在企业里，当没有核心型领导的系统向单个核心型系统转变的过程中，有核心型的企业会占据整个生态系统的主要因素，而且有核心型的企业在技术上也是占据一个中心位置的。当单个核心型向多个核心型转变的过程中，只有极少数的企业掌握着技术和其他方面的资源，在它们之间存在着一定的互相合作的关系，通过这样的一种关系来共同促进整个系统的发展。但是这样的转变只是一种可能性，并不是必然发生的，因为在整个发展的周期中只有很小的变动的生态系统还有很多。

参 考 文 献

［1］安林丽，马世猛．技术创新与区域经济发展的关系研究［M］．长春：吉林大学出版社，2019.

［2］费广胜．经济区域化背景下地方政府横向关系研究：基于竞争与合作并存的角度［M］．北京：中国经济出版社，2013.

［3］高志前．中国区域技术创新的理论与实践［M］．北京：中国大百科全书出版社，2001.

［4］谷国锋．区域经济发展的动力系统研究［M］．长春：东北师范大学出版社，2015.

［5］何金玲．行政生态视阈下的地方政府与区域经济发展［M］．北京：经济管理出版社，2017.

［6］李后强，邓子强．区域经济发展模式研究：以四川为例［M］．成都：四川人民出版社，2015.

［7］林修宇．金融集聚、技术创新与区域经济高质量发展的关系研究［D］．青岛：青岛科技大学，2021.

［8］刘洁，陈静娜．区域发展的经济理论与案例［M］．北京：海洋出版社，2019.

［9］欧玲燕．绿色技术创新对区域经济增长的影响研究［D］．南京：南京理工大学，2020.

［10］孙常辉．区域经济发展中的政府与市场［M］．太原：山西经济出版社，2019.

［11］孙久文．区域经济学［M］．北京：首都经济贸易大学出版社，2017.

［12］唐丽君．区域经济发展研究［M］．成都：电子科技大学出版社，2016.

［13］王天慧．人力资本结构高级化、技术进步与中国区域经济增长质量［D］．淄博：山东理工大学，2021.

［14］魏洁云．技术创新效率测度及创新路径研究［M］．徐州：中国矿业大学出版社，2016.

［15］魏鹏，杜婷．区域旅游空间经济分析［M］．长春：吉林大学出版社，2018.

［16］杨鹏．通道经济区域经济发展的新兴模式［M］．北京：中国经济出版社，2012.

［17］赵慧．区域经济发展理论与实践［M］．兰州：甘肃人民出版社，2019.

［18］赵书哲．区域经济发展与资源型城市产业转型专题研究［M］．沈阳：辽宁人民出版社，2017.

［19］周鹏，赵东方．中国区域经济发展比较研究［M］．北京：中国经济出版社，2017.

［20］毛金祥．经济集聚对区域创新的影响研究［D］．上海：上海社会科学院，2019.

［21］房俞晓．制造业集聚与区域经济增长的空间溢出效应研究［D］．无锡：江南大学，2019.

［22］余帮正．技术创新、金融集聚与区域经济发展的研究［D］．上海：上海师范大学，2019.

［23］崔忠平．区域经济发展的创新驱动作用实证研究［D］．沈阳：辽宁大学，2019.

［24］陈家辉．制造业集聚对福建省区域经济竞争力的影响研究［D］．福州：福建师范大学，2018.

［25］邹琳．区域知识网络演化研究［D］．上海：华东师范大学，2018.

［26］杨焱智．技术创新对我国区域经济发展影响研究［D］．长沙：湖南

师范大学，2018.

　　［27］程水红．技术空间扩散与经济增长收敛性研究［D］．泉州：华侨大学，2018.

　　［28］孔秋月．中国城镇化、技术创新对经济增长的影响研究［D］．北京：北京化工大学，2018.

　　［29］杨壮．金融集聚、技术创新与区域经济增长［D］．济南：山东大学，2018.

　　［30］李祥文．互联网背景下技术创新对区域经济发展的影响研究［D］．淮南：安徽理工大学，2018.

　　［31］王建月．中部地区高技术产业技术创新与区域经济协调发展研究［D］．南昌：南昌大学，2018.

　　［32］臧欣昱．区域创新系统多元主体协同创新机制研究［D］．哈尔滨：哈尔滨工程大学，2018.

　　［33］林娟．区域发展新模式：浙江省农村电子商务集群演化研究［D］．上海：华东师范大学，2018.

　　［34］马骁俊．区域创新能力与经济增长关系的实证研究［D］．武汉：中南民族大学，2018.

　　［35］盛克勤．江苏区域创新体系发展战略研究［D］．南京：南京航空航天大学，2018.

　　［36］杜斌．创新资源约束型后进区域技术创新市场导向机制研究［D］．西安：陕西师范大学，2017.

　　［37］王萍萍，王毅．技术创新驱动经济长波机理：文献回顾与整合模型［J］．技术经济，2017（3）：29－33.